Ole Döring

Das Luther-Gen

Zur Position der Integrität in der Welt

Ole Döring

DAS LUTHER-GEN

Zur Position der Integrität in der Welt

Bibliografische Information der Deutschen Nationalbibliothek

Die Deutsche Nationalbibliothek verzeichnet diese Publikation in der Deutschen Nationalbibliografie; detaillierte bibliografische Daten sind im Internet über http://dnb.d-nb.de abrufbar.

Bibliographic information published by the Deutsche Nationalbibliothek

Die Deutsche Nationalbibliothek lists this publication in the Deutsche Nationalbibliografie; detailed bibliographic data are available in the Internet at http://dnb.d-nb.de.

Coverabbildung: 14394110 © Juan Vicente Muñoz De Morales - Dreamstime.com

∞

Gedruckt auf alterungsbeständigem, säurefreien Papier
Printed on acid-free paper

ISBN-13: 978-3-8382-1297-5

© *ibidem*-Verlag, Stuttgart 2019

Printed in the EU

Inhalt

1 Auftakt

Machen wir uns nichts vor: Wir leben noch immer im 19. Jahrhundert. Trotz Demokratie, Wissenschaft, Technologie und Globalisierung, trotz iPhone und Genmanipulation, Automobilität, Atomraketen und Internet. Vor allem: Trotz allen Wissens über die Geschichte und unsere Möglichkeiten das Richtige zu tun.

Der Horizont unseres Denkens spielt zwischen Kant und Darwin, Bismarck und Nietzsche. Unsere öffentliche Ordnung zementiert die Entfremdung zwischen Mensch, Gesellschaft und Staat. Unsere Rolle in der Welt ist die eines kolonialistischen Geschwürs geblieben. Halb verschämt konsumieren wir die Früchte verbotener Taten. Unsere Zwischenmenschlichkeit spricht die Sprache der Fremdbestimmung durch abgelebte Geschichten von Gender, Rassen, Ideologien, Klassen, Geist und Maschine, Schwarz und Weiß. Auch in der Bildung, im Recht und in der öffentlichen Sicherheit schotten sich überwunden geglaubte Grundmuster ab. Die Vertaktung und Zergliederung lebendiger Prozesse schreiben militärische Rationalität in unsere Zivilisation der Entfremdung ein. Die Erstarrung menschlicher Qualitäten zu Kenngrößen in Produktionsabläufen, der Wildwuchs orientierungsloser Kompetenzen, die Angst vor Entscheidung und Verantwortung sind Blüten einer giftigen Saat. Arbeit dient weiterhin dem Unterhalt der Unfreiheit: Unser Arbeitsleben ist radikal auf Produktion und Konsum ausgelegt. Selbst Kreativität ist ein Marktvorgang. Dessen innere Welt haben wir in unseren Schaubuden fast gänzlich von Bedeutung und Wert entkoppelt. Wenn ich überhaupt denken kann, Souverän oder doch Mit-Autor meines Lebens zu sein, dann nur um den Preis des Abschieds von dem Gedanken der Gesellschaft von dem, was sich nunmehr als Schwarm geriert.

So wie wir unsere Arbeit verstehen, organisieren wir eine Ökonomie des Toten. Das Grundmotiv der Liebe zum Leben wurde abgelöst durch das Aufbrechen jedes Zusammenhanges von Inhalt und Form, die Pervertierung der Grenzen: mit der schrankenlosen Ausweitung des Pornographischen, hinein in die aufgeschlagenen Leiber, in die Kraftzellen der Materie selbst, in die elementaren Eiweiße unserer Reproduktion. So kommen wir zu einer raffinierten Industrialisierung des Todes mit einer unerhört subtilen ›liberalen‹ Wirkmacht, für die man nach der Sprachlosigkeit des Holocausts weder Begriff noch Verständnis haben kann.

Erstmals in der Geschichte der Menschheit ist die Masse weniger als die Summe ihrer Teile. Unsere soziale Sicherung retardiert: Wir erlauben, dass aus ersten Schritten und Ansätzen für eine solidarische Gesellschaft ein kleinkarierter Marktplatz wird mit Regeln, die auf Misstrauen gründen; mit Tugenden, die wir nicht pflegen und Gesetzen, die Verzweiflung nach sich ziehen müssen. Unseren Kindern leben wir nicht nur Konsum, Selbstsucht und Verunsicherung vor, sondern auch die entsprechenden Kulturtechniken, die Verlogenheit und die Verdrängung. Wir sehen zu. Wir verstehen manches, sind besorgt – und handeln nicht.

Das ›Ende der Geschichte‹ war ein großes, vielsagendes Missverständnis. Zwar haben sich Faschismus und Sozialdarwinismus aus der raumgreifenden Anmaßung und staatlichen Verfassung ins Private zurückgezogen, sie sind aber nicht erledigt. Die Geschichte geht weiter. Für den Moment haben die neoliberalen Technokraten gewonnen, die Gesellschaft und Ökonomie sowie Denken und Handeln manipulieren. Dies gelingt ihnen nun durch die Macht der strukturellen Gewalt, die alle maßgeblichen Abläufe, Institutionen und auch die Sprache durchdringt. Der Unterschied zum ehemaligen planwirtschaftlichen Rahmen? Die kleinbürgerlich verzagte Zurückhaltung ist verschwunden mit der grotesken Anstrengung, die Welt der Wahrnehmung ideologisch zuzurichten. Die zynische Kraft aus Gier und Angst entfesselt das Potential menschlicher Makel, entfaltet ihre irre Wucht, gebündelt durch das eisige Prisma des Kommerz und kann so wirkmächtig wie nie die Welt verheeren. Die Wellen der Steine, die wir Europäer in die Wasser der Welt geworfen haben, wogen nun zurück und branden an unsere Küsten. Sie halten unserer Bigotterie Spiegel vor, verlangen nicht nach ›Demokratie‹, sondern Würde, zwingen unsere Überheblichkeit auf den Boden der Realwelt zurück. Für ihre Gesichter haben wir noch nicht einmal Namen: Flüchtlinge, Asylanten, Mitmenschen, Kontingentfälle? Sie branden nicht mehr nur mild tastend an die südlichen Gestade, sondern unversehens mit ungeheurer Macht: »Wir sind auch Menschen! Genau wie ihr!« Wir wissen es längst, lehren es auch eindringlich. Aber Papier ist geduldig. Was soll uns das?! Wir haben uns in dieser Provinzialität sicher eingerichtet. Unsere Provinz wähnt sich stark.

Unser Fortsatz Eurasiens wähnt sich stark, hat Gebirgswälle. Den Rest umgibt die Weite des Meeres.

Dieses Lied ist zu Ende.

Wir hatten doch Zeit uns aufzustellen, uns vorzubereiten, eine Friedensdividende? In der Tat. Aber jetzt müssen wir liefern. Sind wir vorbereitet?

Deutschland hat seinen Vorsprung und seine privilegierte Lage nach dem Zweiten Weltkrieg im zu erwartenden Rahmen genutzt und im relativen Vergleich mit unseren Nachbarn mäßig erfolgreich eingesetzt. 1989 bot die Geschichte Europas *die*

Chance: sich zu zeigen, befreit von Schleiern ideologischer Lügen, von den Störsendern, die die Hymnen des Kalten Krieges spielen, von den Bremsklötzen der Selbstgestaltung. In der Antike war ehrliche Nacktheit schön. Wem würden wir begegnen auf unserer befreiten Agora? Kohl!

Alles, was unter der Decke dieser Morgenröte gezeugt wurde, in der Begeisterung materieller Verbindung und berauscht vom Staub zerrütteter Mauern, tritt nun zu Tage. Die Inkubationszeit dauert ein bis zwei Generationen. Und siehe da: Die Welt, ihre Bewohner, ihre Geschichten sind zerrissen. Die Lüge zwitschert von allen Masten. Wir befinden uns in einem Spiegelkabinett ohne Roadmap. Vergangenheit und Zukunft kollabieren in einem zersplitterten Jetzt. 2016 verzeichnet der Einzelhandel den höchsten Umsatz aller Zeiten. Wie schön. Wehr- und hilflos verjubeln wir unsere menschlichen Werte für Brot und Spiele.

Halten wir einen Moment inne: Ist das etwa alles? Finden wir so die Versprechen wieder, die eine humanistische Aufklärung ein Jahrhundert davor verkündet hatte? Jene Versprechen voll von sprühendem Enthusiasmus als Injektion der Leidenschaft antiker Weltumarmung, und gegen die Unmündigkeit, Verzweiflung und erschrockene Hybris einer klerikal-merkantilen Weltordnung?

1.1 Stau der Geschichte

Die Wirklichkeit schert sich nicht um die Anordnungen des Zeitstrahls. Ja, der letzte qualitative Systemsprung fand im 19. Jahrhundert statt: Die Individuen und Gemeinschaften mussten sich aufgrund des welterschütternden Wandels der Industrie, der Machtorganisation und der Überlebenszwänge ganz neu verstehen, unter- und einordnen. Die Formen, Infrastrukturen, Ideologien, Institutionen, Symbole und Geschichten wandelten sich – im Kleinen wie im Großen – nicht annähernd so stark wie es die äußere Dynamik nahelegen würde. Dazu ist die frostige Schockstarre der Weltkriege zu tief eingedrungen. Der Widerhall ihres Echos hat den aufkeimenden Lebensgarten des aufgeklärten Humanismus grundlegend und nachhaltig verödet. Er hat uns ausgebremst, verstört, gedemütigt, so dass wir uns bei allem Ringen um Befreiung immer wieder nur gelähmt und verstrickt in den verzagten Traumgeschichten des Biedermeiers wiederfinden. Im Geiste eine Stiege hoch getrabt, im Raum eine halbe Stufe genommen. Es wird Zeit, dass wir uns nicht nur der internen Kritik dieser Muster zuwenden, sondern auch aus ihnen herauswachsen. Dazu brauchen wir einen Integritätsplan, der uns bei der Gestaltung der Welt Orientierung schafft und uns bei der Bestimmung unterstützt, wer wir dabei sind und wer wir sein wollen. Die damit einhergehende Vielfalt und Widersprüchlichkeit verbinden wir zu einem kohärenten Bild vom Menschen, der *ich in der Menschheit* bin.

Wenden wir uns von den deprimierenden Aussichten des großen Ganzen und des Kleinkrams ab und sehen wir uns näher an, was uns übrigbleibt, wenn wir weder Fatalismus noch Hybris oder Ignoranz pflegen mögen. Da zeigt sich ein roter Faden. Den können wir aufnehmen, mit Zuversicht und Hoffnung; nicht aus Glauben oder Wunschdenken, sondern aus dem Versprechen der Arbeit und aus der Einsicht in die Grenzen eines jeden Urteils. Dazu gehört auch die bereits erwähnte Einordnung unseres Verhaltens. Denn wir können ja handeln: lernen und versuchen, es besser zu machen. Wir können uns redlich mühen, das Richtige aus den richtigen Gründen zu tun.

Mit den folgenden Überlegungen möchte ich eine Gedankenbewegung für einen Plan entwerfen. Der soll alle konstruktiven Faktoren des Menschlichen in eine Wegbeschreibung fassen. Die bescheidene Zuversicht, dass dies eine positive Resonanz erfährt, speist sich aus dem Fundus, der diesem Unternehmen zugrunde liegt: Eine über 30 Jahre laufende philosophisch-weltbürgerliche Arbeit des Zusammendenkens und der Kooperation zwischen Deutschland und China. In dieser Zeit habe ich – im Denken der Antike wurzelnd, im ausgehenden 20. Jahrhundert sozialisiert und im 21. Jahrhundert als Philosoph zwischen diesen Welten gereift – diese disziplinär, national und kulturell verfassten Erfahrungsräume durchmessen und erfahren, mich mit ihnen verwoben und ihrer eigenwilligen Weisheit anvertraut. Zum einen ist dieser Bestand so noch nie aufgearbeitet worden. Zum anderen trage ich hier das Wissen der beiden großen Traditionen weltbürgerlich aufklärender Kultur zusammen. Dies geschieht in einer Weise, die sie einander unterstützen, ergänzen, weiterspinnen lässt: sino-europäisches praktisches Wissen und Weltdenken als Rahmen für eine Zukunft Eurasiens, unserer Welt in der Welt.

Ein solcher übergreifender Ansatz ist nicht nur aus Gründen einer systematischen oder inhaltlichen Vollständigkeit wichtig und richtig, sondern auch weil wir mit dieser Aufstellung von Anfang an der Versuchung binnenkultureller Selbstbeschneidung widerstehen. Die Eigenart sprachlich ausgedrückten Wissens bringt uns dann strukturell zu einem Spiel, das zwar klare Regeln hat, aber doch unabgeschlossen und gestaltbar ist. Uns bleibt immer bewusst, dass wir unser Denken und Wissen zwischen allem Navigieren als Bewegung im Prozess inszenieren müssen, wenn wir gut handeln wollen.

Nicht Reinheit, Vollständigkeit oder Verweilen im Augenblicke sind die Ziele, um die es geht, sondern eine Kultur der achtsamen Kreativität, des Abwägens und des Ausgleichs durch fortgesetzt tätige Aufklärung und Arbeit. Das ist auch den Grenzen dieses Ansatzes geschuldet: Er muss sich im Modus des essayistischen Erzählens halten. Der Autor mäandert zwischen betroffener Befangenheit und auktorialer Erkundung.

1.2 Hang des Menschen

Dieser Essay heißt *Das Luther-Gen*. Die Metapher ist in keiner Weise wörtlich zu verstehen. Zwar lassen sich einige genealogische Zusammenhänge konstruieren, wenn man bereit ist, sich mit symbolischen und oberflächlichen – also nichtssagenden – Ansprüchen einer Wahlverwandtschaft zufrieden zu geben. Dem steht auf jeden Fall entgegen, dass nichts von dem hier Gesagten ohne eine tiefe und enge Auseinandersetzung mit der konfuzianischen Philosophie denkbar gewesen wäre. Auch der Kant, der hier mit am Werk ist, hat den Politiker und Gottesmann aus Wittenberg überschrieben. ›Luther‹ muss man sich hier als Weltbürger vorstellen, dessen hybrider Symbolcharakter etwas allgemein Menschliches bedeutet. Dieses ›Gen‹ hat jeder Mensch. Und wie bei jedem Gen bleibt es bedeutungslos, solange es nicht praktisch wird.

Es geht um den Standpunkt und die Haltung des Handelns, um die Wiedererinnerung an grundlegend Gewusstes, um die Rückbesinnung an die Arbeit der Selbstkultivierung und um die integrative Leistung der Vernunft. Es geht um die unprätentiöse Anmaßung, das Richtige aus den richtigen Gründen tun zu wollen. Die Mittel und Wege sind in ihrer Gebundenheit an diese zu verstehen; als Milieu der Wechselwirkungen, dort wo der Standpunkt nicht nur zum Weg wird, sondern sinnvolle

Bewegung ist. Selbstverständlich geht es auch um eine proportionale Einordnung von Macht, von Disziplin und Eitelkeit, von Dummheit und Gier, vom Scheitern und dem Platz des Bösen.

Das Wort wird zur Tat. Die Tat steht zum Wort. Sie verstehen einander, richten sich aneinander aus.

Das ›Luther-Gen‹ ist die Anlage. Es verleiht dem Menschen seinen spezifischen Hang: Wir können nie neutral sein, nie objektiv, weder Neutrum noch Intellekt. Wir können das noch nicht einmal wollen. Was wir dagegen wollen können, ist: es richtig machen, das Gegebene anders machen. Denn hier haben wir einen Begriff der Bedeutung dessen, worum es geht: zu handeln, als ob wir nicht anders können.

Das hat auch etwas mit dem Tonfall zu tun. Es gibt da einen guten mittleren Weg zwischen der bieder ernsten Humorlosigkeit, für die ein bekanntes Zerrbild des Deutschen steht und mit dem wir gelernt haben zu kokettieren, und der Frivolität, in der wir es uns im Gerede von abwesenden Werten oder Alternativen bequem machen. Andere mögen da eher zynisch werden oder sentimental oder polemisch; das ist aber auch keine angemessene Weise, sich über sich selbst Gedanken zu machen. Besser passt da sicher der humorvolle Ernst, in dem uns ein von Bülow selbst die abgründigsten Tiefen des Menschseins mit heiterem Respekt und entlarvender Klugheit erträglich vermitteln konnte.

Warum aber ausgerechnet über Gesundheit, Bildung, Recht reden? Dieses dreifaltige innere Firmament umspannt das Feld, auf dem wir unser Erleben organisieren. Wir lassen uns auf nichts weiter reduzieren als auf das Gespinst dieser Grundtöne des Menschlichen: Leib, Geist und Gesellschaft reichen hier aus dem Ich heraus und wenden sich dem Du des Lebens zu. Wir erfahren uns als aktives Subjekt, als Ordnung stiftenden Zusammenhang, im Gewebe aus Innen und Außen. An diesem Brennpunkt kommt es aufs Ganze an: Ein korrupter Leib, ein stumpfer Geist, eine Tat ohne Widerhall stört mein inneres Gleichgewicht und stößt mich aus der Bahn. Diese roten Fäden des Lebens gleichmäßig zu einem Strang gesponnen: So beginnt die Verknüpfung zu einem Grundmuster, in dem ich schön bin.

Das ist die innere Seite der Positionierung zur Integrität. Die äußere, politische Seite dieser Medaille lässt uns auf das Gute sehen: Die thematische Triade entfaltet sich hier im Vollzug einer perspektivischen Drehung in die subjektiven Zwischenräume des Menschlichen. Mit ihrer Öffnung zur Gesellschaft erstarrt sie zugleich zum Objekt. Ihr entsteigt im Medium der Handlungswelt die Gestalt einer sozialen Topographie aus reflektierenden Flächen, aus Projektion, Schein und Widerschein, zu Facetten geronnenes, reflektiertes Lebensblut. Alles flackert, von Du und Wir und Es – wie soll man sich da auskennen? Was soll da gut sein können? Gut ist nicht schön. Wir können die Zwischenwelt nicht mit der Struktur der inneren Gestalt verwechseln oder nach deren Anordnung denken, sonst setzen wir die Kaskaden der Entfremdung in Gang, die den Einzelnen zersplittern, auflösen, vernichten. Es steht also vieles, alles auf dem Spiel, wenn wir unsere Welt nach Gesundheit, Bildung und Recht gestalten. Wir können die Arbeit hier nicht der kalten abstrakten Wahrheit von Prinzipien überlassen. Die starke Kraft des Menschenrechtes, der Menschenwürde, des Freiheitsgesetzes hat so noch niemanden wirklich gerettet.

Um etwas auszurichten, bleibt uns nur der Weg durch das Dickicht und die Niederungen der Menschlichkeit; die absurde Hoffnung auf unsere schwachen Kräfte. Sehen wir uns so die Anordnung des inneren Himmelszeltes als etwas Äußerliches an: Recht, Bildung und Gesundheit sind schwache und unklare normative Grundbegriffe. Sie sind unser ganzer Schatz. Sortieren wir sie einmal relativ nach ihrer politischen Bedeutung, so gewinnen wir ein Bild davon, womit wir es zu tun haben.

Am Ausgangspunkt steht die *Bildung*. Sie ist konzeptuell komplexer und politisch schwächer als Gesundheit und Recht. Sie zeigt eine ausgeprägte Spreizung zwischen dem höchsten Maß an differenzierender Achtsamkeit, das dem Individuum geschuldet ist, und der ideologisierten Standardisierung ihrer Organisation. Die konzeptuelle Komplexität entspricht dem Eigenrecht des Prozesscharakters von Bildung als Kultivierung. Die zur Unterstützung erforderliche Souveränität aufzugeben, behutsam zu hegen und zu pflegen, erlaubt nur äußerst schlanke Normierung und theoretische Fixierung. Je weiter der Raum, je offener die Welt, in der Bildung uns gestaltet, umso stärker die Anforderungen der Menschlichkeit, denen wir uns unterwerfen. Das Konzept der Bildung überlassen wir selbst seiner Kultivierung. Die Politik steht in der besonderen Bringschuld, alles zu ermöglichen und nichts vorzuschreiben. Der Erfolg politischer Zielsetzungen – besonders in einem Ausbildungssystem – hängt an dem Maß ihrer vorangehenden und begleitenden Wertschöpfung durch die Entfaltung undefinierter Bildung.

Gesundheit ist konzeptuell vergleichsweise klar. Weite Bereiche dieser Qualität können wir in ihrer Bedeutung zuverlässig verstehen, oft auch erklären. Zugleich aber ist sie politisch schwach. Die Verantwortlichkeiten sind nicht ausverhandelt zwischen Selbstverantwortung des Einzelnen, Ärzten, Verbänden und Entscheidern. Sie sind in ihrer institutionellen Form stark ökonomisch-interessengebunden organisiert und föderal administriert. Wie kein anderer Bereich hängt Gesundheit von einer entschlossenen politischen Agenda ab. Überlässt man sie einem kommerziellen Markt, programmiert man eine Gesellschaft, die sich vom Leben verabschiedet und in den Worten Erich Fromms »nekrophil« wird. Wir hängen hier besonders dramatisch an der Klippe des 19. Jahrhunderts als eine robuste politische Agenda die Umrisse des Möglichen erkennbar machte. Die politische Bringschuld besteht darin, alles stimmig salutogen anzuordnen und zu ermöglichen, was angeht.

Recht ist demgegenüber konzeptuell komplex, politisch gebunden und stark von seiner Pflege abhängig – nachgeordnet. Ersteres gilt nicht auf der Ebene der geistigen Grundlagen. Hier ist das Recht vollkommen klar und eindeutig: Im Äußeren das Richtige tun und erleiden dürfen, aus welchen Gründen und unter welchen Umständen auch immer. Sobald wir die Einheit von Recht und Ethik aber in Richtung der Gesellschaft aufheben, geht es nur noch um Gründe und Umstände. Die Gründe sind mit der Legitimität und Legitimation von Herrschaft verknüpft. Diese wiederum besteht nicht in einer isolierten Welt. Herrschaft stimmt nur insoweit, als dass sie Verantwortung und Partizipation in möglichst differenzierter Breite der Phänomenologie menschlicher Gesellschaft organisiert und abbildet. Die Politik muss das Rechtssystem unter völliger Absehung von Einzelinteressen hingebungsvoll pflegen und den gesamten Apparat intelligent einbeziehen. Und: Sie muss Anreize, Strukturen und Verfahren etablieren, in denen jeder Mitbürger sich als Mit-Gesetzgeber verstehen kann – die Antithese zur Attitüde des Obrigkeitsstaates. Jede Lüge, jede zynische Rabulistik, jede Inkonsequenz unterminiert das Vertrauen und die Vertrauenswürdigkeit des Ganzen. Nicht zuletzt kommt es hier darauf an, kontinuierlich zu prüfen, zu korrigieren und zu lernen, wie unser verfasstes normatives Selbstverständnis mit der Wirklichkeit auf einer Linie gehalten bzw. dorthin gebracht werden kann.

Dieses Richtigstellen der Verhältnisse anhand verbürgter Selbst-
verpflichtungen, das Aufrichten der Begriffe, schafft ein gesellschaftliches Klima von Verbindlichkeit. Der Bedarf an Integritätsarbeit ist auf diesem Feld besonders groß, die Not durch diesen Mangel unerhört. Die konzeptuell-institutionelle Arbeit sys-
temischen Lernens entspricht nur in Ansätzen der Würde und
dem Anspruch unserer Verfassung. Hier wirkt sich die Unter-
ordnung politischer Macht unter partikulare Interessen wirtschaftlicher oder organisatorischer Rationalität nicht weniger
gravierend aus als andernorts das Primat religiöser oder ideologischer Prätention. Wir haben die Wahl, anhand unserer Leitbe-
griffe das System aufzurichten oder es weiter nach der Eigendy-
namik der Verhältnisse zu nivellieren.

Bildung, Gesundheit und Recht umschreiben die Sinnein-
heit des Menschlichen in gesellschaftlichen Zusammenhängen.
Ihr Zusammenspiel bildet die materielle und kulturelle Grundlage jeder Wertschöpfung. Glück, Wohlstand und Sicherheit
sind dem Sinn dieser Urzeugung des guten Lebens nachgeordnet. Im Folgenden werde ich deshalb immer wieder auf Themen
und Beispiele aus diesem Feld eingehen, aus dem sich die Möglichkeit alles Anderem ergibt.

1.3 Bis an die Sterne weit

Was die Logik vom Inneren einer menschlichen sozialen Wertschöpfung weiß, gilt auch für die politische Ordnung. Wenn
man sie als legitimierend verstehen soll, verlangt unser europäischer Demokratiebegriff, das Verhältnis des Einzelnen als Bürger zum Staat sowie der Gesellschaft zum Staat neu zu denken.
Das ist keine revolutionäre Ansage. Es ist die Daueraufgabe einer lebendigen Demokratie, mit dem ein Legitimitätsanspruch
selbstverständlich einhergeht. Bestehende Ansätze sind unter

dem ebenso vornehmen wie zurückhaltenden Oberbegriff *Verfassungspatriotismus* zusammengefasst. Ihnen fehlt aber die konsequent integrative Perspektive, die den inneren Zusammenhang in seiner praktischen Vehemenz vorstellt. Auch wenn sie nicht im wünschenswerten Maße verbreitet ist, so ist diese Haltung doch einigermaßen wohlfeil. Es fehlt ihr der eng gewebte Resonanzrahmen der Übung, der Reibung und des Lernens des Politischen. Es fehlt an einem institutionellen Rahmen des Vertrauens und Forderns der menschlichen Qualität; die innere Haltung vermisst ihre wirklichen Ankerpunkte.

Erst in einer real erlebten Welt politischer Erfahrung, durch alltägliche Beteiligung an lebensweltlichen Entscheidungen gewinnt der Zusammenhalt der Gesellschaft politisch an Bedeutung. Damit verbunden entsteht die Chance, diskreditierte – aber sich immer noch im Umlauf befindende – Begriffe für das erlebt Gemeinsame in der abstrakten Gesellschaft zu nutzen: *Volk, Volksgesundheit, Volkskörper* können konstruktiv neu besetzt und kreativ von völkischer Aneignung befreit werden, anstatt sie mit verschämtem Fremdsprachschick zu verkleistern. Sie können ihre humanistisch dienende Konzeption geschärft und rehabilitiert zum Ausdruck bringen und uns darin an eben diesen Auftrag erinnern. (Interessanterweise haben wir mit *Volkswirtschaft* kein Problem.) Die integrative Perspektive wird erst erreicht, wenn in diesem Zuge auch der europäische bzw. ›westliche‹ Provinzialismus zunächst ganz verinnerlicht und dann überwunden und überformt werden kann. Nur weil wir unseren Kolonialismus mittlerweile kritisch sehen, kann er ja nicht weiter das Maß der Dinge bzw. der Welt sein. Ihn ehrlich als Lernende des Weltbürgertums anzunehmen, das wäre ein unverzichtbarer Zwischenschritt, um den wir uns über drei Generationen hinweg herumgemogelt haben. Das rächt sich nun durch explodierende Dringlichkeit.

Europas provinzielle Sprache und seine Weltordnung, die Art, in der wir die Proportionen und Relationen der Verhältnisse in der Welt vorsortieren und anordnen, unser geostrategisch, ökonomisch, ordnungspolitisch und ethisch gestricktes Provisorium steckt tief in den Imprimaturen unserer großen Geschichten von Orient und Okzident, die wir für die Welt selbst halten. Wir sollten sie nicht allzu wörtlich nehmen. Andere sind längst wieder dabei, sie kreativ und vital neu zu erzählen, sie zu überformen. Und der Osten und Süden Eurasiens bilden sich schnell zur Meisterschaft.

Was vor hundert Jahren als Drohung tönte, das stählerne Pathos des Stakkatos ›Fremd-Anders-Gefahr!‹, lösen wir aber nunmehr aus der Wolke der Angst vor unserer Courage heraus und gewinnen so ein Versprechen. Es ist möglich, wir können jetzt zusammen an der Zukunft arbeiten, in abgestimmter Ko-Autorschaft für die Geschichte einer menschlichen Welt. Das kann nur gelingen, wenn wir konsequent den roten Faden der Integrität weben, selbst integer und aufmerksam sind; in alle Richtungen und ohne Furcht. Ob es gelingen wird, kann uns dabei nicht interessieren. Ob es gelingen kann, hängt von uns ab. Unser Luther hatte dafür den klassisch besonnenen Melanchthon. Wir dürfen uns mit der Welt befreunden.

1.4 Etikette

Dabei dürften wir uns dem anvertrauen, was wir eigentlich sehr gut wissen. Einer unserer Heerführer verlangte vor einer Generation, es müsse ›ein Ruck‹ durch die Gesellschaft gehen, um Schritt zu halten und den Takt wiederzufinden, indem wir uns menschlich weiterentwickeln. Nun ist dies leider ganz missverstanden worden. Man erwartete offenbar einen großen starken Ruck, der dies bewerkstelligen würde. Die hierfür geeigneten

Positionen waren jedoch dauerhaft von solidem Sitzfleisch eingenommen. Das Missverständnis liegt aber tiefer: Wert, Wucht und Richtung des ›Rucks‹ ergibt sich aus der Vielzahl der kleinen Schritte, die ihn bei Bodenkontakt auslösen. Es sind die kleinsten Entscheidungen, die jeder Mensch für sich selbst trifft, die den gemeinten Ruck ermöglichen; nicht das Spektakuläre der Schale der Macht. Es erscheint als bittere Ironie, dass es viel leichter ist, sich aus dem Schützengraben oder aus Trümmern eines zerstörten Hauses aufzuraffen, als wenn man übersatt unter dem Weihnachtsbaum sitzt. Für den Wohlstandsbürger muss die Verstörung geistig durchdrungen werden, damit Handeln entspringt. Nur hat er keinen Begriff von Ehre, Pflicht und Tat.

In dieser Bewegung der Gedanken verlassen wir nun für eine Weile die groben Züge der europäischen, deutschen Weltbeschreibung. Wir reichen einer Kultur die Hand, die auf das Subtile setzt, auf die Tätigkeit des Webens in kleineren Windungen, eine Arbeit im Gestus bescheidener Achtsamkeit. Man kann viel Schlechtes, aber eben auch viel Gutes von China lernen.

Zwischenspiel

Sortieren wir die Grundaufstellung. Geht es im Leben, Arbeiten, Lernen um die Perspektive, gut erfolgreich oder erfolgreich gut zu sein? Das ist der Fluchtpunkt unserer Leitlinie, auf der wir alles verstehen wollen: Wie kann man das Richtige aus den richtigen Gründen tun? Wir entscheiden uns, das Richtige als Nutzen, nicht Nutzen als das Richtige oder Erfolg zu behandeln und uns entsprechend zu bestimmen. Das Richtige meint hier, woran wir uns in der Wendung zum Guten hin ausrichten – bspw. an Gerechtigkeit und Menschlichkeit.

Es gibt dann richtigen oder falschen Nutzen, aber keine sinnvolle Aussage, was denn das ›nützliche Richtige‹ sein soll. Bestenfalls ist das tautologisch, denn das Richtige umschreibt nicht nur den Raum des Nützlichen, es verleiht zugleich jedem Nützlichen darin einen Mehrwert, nämlich den, auch im Richtigen zu sein. Der Zweck begrenzt sich selbst dadurch, dass er sich nur Mittel erlaubt, die ihm selbst entsprechen: Zu Unrecht Gutes gedeiht nicht! Diese Unterscheidung ist einerseits eine hierarchische und teleologische, denn sie legt die Entwicklung zum Besseren an. Für Akteure – ob Individuen oder Institutionen – drückt sich darin eine Zusammenführung zu einem Subjekt mit Verantwortung aus. Diese Aufstellung eröffnet die Hoffnung auf eine praktische Einheit, das Erleben, Erfahren und Wissen, dass ich durch mein nützliches Handeln etwas Gutes tun kann, weil ich stimmig auf das Richtige aus bin. Das bedeutet keine detaillierte Vorschrift, sondern mobilisiert und orientiert unsere Achtsamkeit, so dass wir aus eigenem Urteil zurechenbar handeln, nicht nur gemäß einer Standardnorm von Pflicht. Die Affinität gewinnt dann im Handelnden die Qualität innerer Einheit eines Wollens, das sich nicht nur instrumentell versteht.

Auf der pragmatischen Seite dieser Einstellung gewinnen wir Nachhaltigkeit und einen sukzessiven Zugewinn praktischer Klugheit, weil unser Handeln sich selbst in einem Lernprozess erfährt. Das Gelingen bedeutet in diesem Sinne: Gut erfolgreich zu sein im Beruf, in der Karriere oder der Wissenschaft, als Arzt oder Entscheidungsträger. Mein Beitrag zu diesem Gelingen soll eingebunden sein in die Entwicklung, erfolgreich gut zu werden.

2 Eingang

Leben ist Bewegung. *Innere* Bewegung des Erlebens und seiner Wahrnehmung; *äußeres* Verknüpfen durch Zeit und Raum; *geistige* Ausdehnung von gebundenem Sinn und Existenz; *materielle* Umformung der Gestalt im Zusammenspiel ihrer Elemente; der Strom all dieser bewegten Lebensfacetten zum Leben *selbst*. Gegeben und Gemacht im Geben und Machen, an sich, für uns.

Meine konkrete Integrität ist der Lebensraum, den ich durch Bewegung beherrsche. Mein integrierter Lebensraum ist mein Leib, die Ausdehnung meiner geistigen Selbstwahrnehmung. Bin ich gesund und gebildet, kann ich denken, dass Gerechtigkeit in der Welt ist.

Leben ist Bewegung, die sich selbst organisiert. Der Integritätsplan nutzt die Bandbreite des Lebensraums, den ich schon und noch beherrsche, um mich darüber hinaus zu entwickeln und bei mir zu bleiben, zu wachsen. Er vergegenwärtigt im Noch das Schon und organisiert so das Werden der nächsten Etappe meines Weges. Das Neue ist stimmig veränderte Anordnung. Dass es, durch mich, gemacht und gemeint ist, zeugt Größe, Parthenogenese: der Moment des Triumphes der Freiheit, des Geistes als Erfinder der Qualität des Menschlichen. Aber erst durch die Demut, in der Verneigung vor dem Gegebenen, durch die rückhaltlose Liebe zur Mutter Materie bleiben wir eins und können weiter wachsen.

Diese Ausrichtung ist die Qualität der Integrität. Sie bestimmt den Sinn, die Wucht und die Richtung meines Weges.

Dieser Übergang ist der Arbeitsplatz der Integrität. Kein Labor, keine Fabrik und kein Schlachtfeld – ein Spielraum. Die

Arbeit dieses Webens ist ein Spiel, das uns im Vollzug seine Regeln mitteilt. Wir finden sie vor, nehmen sie auf und mustern durch sie das Geschaffene. Alles wird anders: Kultur.

2.1 Mustern

Der Integritätsplan schlägt uns eine Methode zur Klärung und Verbesserung der Praxis dieses Spiels vor.

Welcher Praxis? Jedweder!

Praxis ist Handlung. Sie enthält im Kern das Innen, Außen und Dazwischen, mit dem wir umgehen, die ganze Welt. Praxis ist eingebettet, in das Netzwerk allen Handelns. Das unterscheidet sie vom Verhalten, das beschreibt, wie wir uns in den Absichten außen spiegeln. Praxis wirkt durch unsere Haltung beim Verfolgen unserer Ziele, nicht durch den Klang von deren Namen. Sie ist das Spiel des Lebens.

Ein Widerspruch? Die Einheit von Regel und Spiel ist uns nicht fremd. Im Spielraum sind wir frei. Die gebundene Freiheit ist unser Glück, das Seil, auf dem wir balancieren, zwischen trostloser Angst vor dem Nichtigen und dem irrlichternden Höhenflug eines Ikarus. Unser Plan hängt in der Luft.

Dies hat seinen eigenen Wert. Wir messen Qualität konventionell: Entweder von der Einstellung bzw. der Motivation oder von den Ergebnissen oder auch von den Konsequenzen her angesehen. Tugend wird gemessen an der Performanz, am Zwielicht von Schein oder Anschein der Einsinnigkeit von Gründen und Zweck. Das sind Momentaufnahmen. Das Leben gerinnt und zerfällt in Sequenzen, Facetten, Splitter. »Fehlt, leider! nur das geistige Band«.

Integrität als Qualität ergibt sich vom Prozess her als lebendiges, aus sich herauswachsendes, offenes Ganzes. Ihre Maximen verstehen sich als Arbeiten, als Werke: Sie werden. Zwischen Erleben und Erfahren und Nachdenken sind sie nie fertig. Die Maxime des Guten ist eben nicht *Gut Sein*, sondern: *Ich will besser werden*. Ihre lebendige Qualität strömt nicht mit ihrem Namen, denn nur der Gott der Genesis kann so etwas. Diese Geschichte erweckt in uns den Abglanz des Erkennens im anderen; das Du im Ich. Damit ich arbeiten, aufblicken und mich oder dich fragen kann: War das so gemeint?

Nüchterner klingt die Aufklärung, als Arbeit, im Osten, wo Namen durch Handeln richtig gestellt werden. Keine Ausrede, wir wissen alle, was es gilt! Handelt entsprechend. Immer weiter. (Grund- oder Vor-)Sätze, Urteile, auch Tugend, werden an der ›inneren Performanz‹ gemessen: An der Art und Weise, mich meiner Kompetenzen zu bedienen, meine Balance zu halten, meine Würde zu würdigen. Das ist der Witz des Spielraums als Keimzelle unseres Wachsens: Wir können ihn ebenso missachten wie missbrauchen. Wollen können wir das aber nicht: verzweifeln oder verbrennen.

2.2 Verstört

Dann kommen da diese anderen Leben, diese Geschichten; verdichtetes Erleben, Erfahrung, in Weltwebstücken, von hier und da – einst und jetzt. Eine Zumutung, eine Herausforderung, Chance, Aufgabe: Wie passt das, wie geht es zusammen? Gehen wir weiter, dann kommen die Leitfragen, die Horizonte verschmelzen: Welche Optionen finden wir, das *Wozu* und das *Wie* anzusprechen?

In welcher Sprache kann man so etwas überhaupt denken, sagen? Irgendwie sicher in jeder. Aber treffend und bestimmt? Im Deutschen wohl eher in philosophischer Dichtung, durch Räume der Konnotation, durch Interpretation guten Willens ausgefüllt. So bleibt die Bedeutung Aufgabe, erstarrt aber nicht in der Form.

Auch hier dürfen wir uns etwas entspannen: bestimmt(er) und treffend(er) – nicht weiter als für den Moment und so, über die Zeit, in beharrlicher Arbeit daran. Selbstverständlich ist das unbefriedigend. Ärgerliches Provisorium unserer Großspurigkeit. Und doch, Anlass neugierig zu sein, offen für Wege der Sprache, die über rituell eingefahrene und erschöpfte philosophische Prosa hinausgeht.

Es ist gerade die Disziplin unserer Sprache, durch die sie sich zur Bildung des Ausdrucks inspirieren lassen kann. Was macht das Englische anders, was das Chinesische? Ihr Charakter ist jeweils Ausdruck einer vorentscheidenden Orientierung, an Phrasierungen von Struktur, von Bewegung, von Qualität. Verbale, adjektivische, substantivische Akzente erzeugen in ungeschickter Anordnung Missklang. Wie stimmen sie aber zusammen, eröffnen neue Räume für Resonanz und Harmonie. Können wir sie erschließen? Ein Gespräch führen, in dem wir uns auf die gemeinsamen Themen einigen, einander zu verschmelzenden Horizonten verhelfen, neue, weitere Weltspiele daraus erschaffen? Kann ein solches Wachstum in genuiner Zusammenarbeit überhaupt gelingen? Wie könnte das Ergebnis aussehen – Erfolg von Verstehen, aus der jeweiligen Aufstellung oder Ausprägung einer neuen integrativen Kulturform?

Die Ausgangsbedingungen sind dabei nicht freundlich aufgeschlossen, sondern voreingenommen. Das betrifft zum Beispiel strukturelle Diskriminierung: Im *Ad-jektiv* klingt die Bedeutung des bloßen Anhaftens pejorativ mit, gerade das Gegenteil vom Kern des Qualitätsgedankens im *Eigen-schaftswort*. Im Englischen ist dies ähnlich ambivalent: *property*, zwischen eigen, angemessen und funktional-übergriffig. Hier mag sich eine der gemeinsamen lateinisch-griechischen Wurzel geschuldete Musterung unseres Begriffsvermögens ausdrücken, die das Chinesische, womöglich für uns ins Konstruktive rücken kann. Ergänzend mag der meta-strukturierende Konzeptapparat der lateinischen Sprachen dazu beitragen, das Selbstverständnis und die Ausdruckskraft des Chinesischen stärkend einzufärben.

Es besteht jedenfalls enormer Klärungsbedarf und Raum für gemeinsames Handeln, der – die Globalisierung begleitend – gerade erst auf der Tagesordnung sichtbar wird. Erheben wir die Blicke aus der Enge der Manufakturbetriebe. Sehen wir auf die neue Arbeit des Denkens, der Sprache, der Begriffe unserer unerhörten Welt.

Dieser Integritätsplan hat ein Mantra, eine Formel, die sich nach Belieben variieren, an jeden denkbaren Adressaten richten und fortgesetzt neu zum Ausdruck bringen lässt:

> »Sagen, was ich tue – tun, was ich sage;
> tun, was ich denke – denken, was ich tue;
> um das Richtige aus den richtigen Gründen zu tun!«

Verstehen wir dies als Aufstellung und Ausrichtung der Arbeit, nicht als Beschreibung einer Verfassung oder eines Status. Der unendlich verwobene rote Faden ist das Lebensblut des Weges. Fließt es in seiner Bahn, wird es zur Quelle jeden Wertes.

Zwischenspiel

Warum denn die richtigen *Gründe*? Es kommt doch auf das an, was wir tun. Sollte das Richtige aus falschen Gründen oder gar aus Versehen geschehen, so wäre das doch Erfolg genug. Springe ich dem Kleinkind helfend bei, das gerade über den Rand des Brunnens rutscht, ist das fraglos richtig. Ist es nicht auch genügender Ausdruck meiner Güte, soweit es überhaupt auf mich ankommt? Obendrein: Wir wissen doch, wie aussichtslos es ist, sich der Gründe unseres Wollens ganz zu vergewissern, weil kein objektiver, fester Maßstab dafür bereitsteht. Oder wenn einiges dafür spricht, richtiges Handeln an gute Gründe zu binden, dann fahren wir sicherer, wenn diese Gründe institutionalisiert sind. Wir entlasten uns dann von der Zumutung, sie selbst zu bestimmen, indem wir uns auf den formulierten Bestand und die etablierten Autoritäten verlassen und uns darauf beziehen, während wir entsprechend das Richtige tun.

Den undurchsichtigen Innenraum meiner Gründe überlasse ich im guten Glauben meinem Gewissen; der Zwiesprache mit ›Gott‹. So bleibt er für jeden im Dunkeln. Mal ernsthaft und im Gegenteil: Kant als die Sonnenseite des Luthermondes und Konfuzius als der weltliche Spiegel der goldgelb veredelten Anordnung des Himmels zeugen davon, dass es nur so gehen kann: durch Aufklärung. Zu viel steht auf dem Spiel, zu groß ist die Handlungsmacht des Menschen, die Wucht alles zu vernichten und unmenschliches Leid in die Welt zu bringen. Beleuchten wir die dunkle Quelle unseres Wollens, dann zeigen sich in dieser Ursuppe Strukturen und Inhalte, die wir zum Guten ausdrücken können. Wir können widersprechen und den Widerspruch als Kraftquelle verstehen. Richtige Gründe in falschen Handlungen denken; was bringen wir da mit? Dies ist immerhin Anlass für bescheidene Selbstbehauptung; woran sonst könnten wir Verbindlichkeit mit Bedeutung für uns knüpfen? Unsere Würde verlangt Achtsamkeit für die eigene Verantwortung, den Arbeitsraum in all seiner unbekannten Tiefe auszuleuchten, mich mir selbst vertraut zu machen und anzuverwandeln. Erst damit wachse ich in eine Position, die einseitige Dominanz externer Autorität zu relativieren und auszugleichen.

Wir wollen zwar das Richtige tun, aber nicht nur *gemäß* der Pflicht, sondern weil wir es als das Richtige für uns annehmen. Nur dadurch gewinnt die Qualität des Richtigen ihre volle Bestimmung. Dieser Wille ist dann eine notwendige Bedingung für die Erfüllung des Integritätsplans, aber noch nicht hinreichend. Dazu kommt die Praxis ins Spiel.

Das Kind am Brunnen erinnert uns an den Impuls, etwas moralisch zu wissen. Es führt kein Weg an unserer Menschlichkeit vorbei, für den wir nicht selbst verantwortlich wären! Das Helfen-Sollen ist noch nicht einmal moralisch, es ist einfach eine Qualität des Erlebens. Mit meiner Güte verknüpfe ich es erst, wenn ich es aus dem naturwüchsigen Impuls und der stimmigen Handlungsfolge in meine eigene Willensbestimmung aufnehme. Dann nehme ich es als Auftrag an, nicht als Grund, sondern als Bedingung der Möglichkeit einen solchen haben zu können. Zum Grund wird dieses Motiv erst dann, wenn ich mich als ganzer Mensch mit meiner zeitlichen und sozialen Ausdehnung dazu verhalte. Nur dann verstehe ich sowohl mein Tun als auch mein Wollen. Aus dem Verstehen ergibt sich die Entwicklung des Lernens, in der das Erkennen an Kraft und Sinn gewinnt und wir uns weiter zur Integrität entfalten.

Die Gründe färben das *Was* des Tuns ein. Denken wir dabei an Verhalten, dann verstehen wir nur marginal besser. Sehen wir es dagegen als Handeln an, dann finden wir uns in einer eigenen

Welt wieder. Was in der Unschärfe und aus dem genuinen Desinteresse von Moral und Recht zur angemessenen Beschreibung dessen, ›was wir tun‹ taugen mag, verlangt – mit dem Blick der Ethik aufs Ganze – eine zusätzliche, spezifische Dimension: die Achtsamkeit, nämlich die Erkundigung nach der Güte des Wollens. Achtsamkeit ist die Haltung des Pflegenden, der Sorge für Andere oder Anderes.

Vergewissern wir uns der Gründe unseres Wollens, so ist die Unvollständigkeit unseres Selbst-Verstehens nicht Problem, sondern Teil der Lösung. Wir erliegen nicht erst der Illusion völligen Gelingens. Wir erleben die Freude am Gelingen überhaupt. Der kann ich nach-schmecken, nach-fühlen, ihren inneren Sinn in seiner kraftvollen Offenheit erfahren, aufgeschlossen und gestärkt für mehr. Es gibt Arbeit! Die schwarz-weiß-karierte Welt erblüht, bringt Farben, Klänge, Töne, Tiefe und Weite, Atem und Bewegung, Leben und Sterben. Diese Erfahrung der moralischen Autonomie ist wie eine Geburt. Sie macht mich zu einem Baby in der Welt: dünnhäutig, aufnahmebereit, instinktsicher – und stark genug, mich weiter zu bewegen.

Die Freude ist das Innere der Liebe.

Das Interesse der Integrität richtet sich auf die Pflege des Ganzen. Die richtigen Gründe sind dann nicht solche, die auf Neues aus sind, auf Auf- oder Anbauen oder Übernahme. Der Impuls etwas *ergänzen* zu müssen, der gierige Hunger, sich ein Anderes einzuverleiben, ohne die Arbeit des Anverwandelns zu leisten, zeigt entweder an, dass ich im falschen Tempo oder auf dem falschen Weg gehe. Das Ganze steht uns als Qualität immer zur Verfügung, selbst im Nukleus zeigt sich der Weg, die Richtung der guten Gründe.

Leben ist zu pflegen; weg vom Paradigma des Wachsens als Verschlingen, als Anschaffen von Neuem. Akkumulation und Horten sind Erstarrung; im Verzicht auf die Arbeit des Integrierens schlägt das Lebendige um, verfällt, wird korrupt und faul. Für das Menschenmaß ist der siebte Tag die siebte Sekunde. Dieser Rhythmus ordnet uns um die Spur der Mitte: Am Ende eines Arbeitstages halten wir inne und sehen auf das Gejagte und Gesammelte, atmen aus und lassen uns darauf ein, es seinen Raum und Wert zu finden. Dieser Moment dient der inneren Sammlung, Muße und Ruhe. Wie im Schlaf fügen sich Erlebnisse und Erfahrungen an ihren Ort nach ihrem inneren Sinn, zu ihrem passenden eigenen Sein, gehen ein in die Integrität des Leibes, der Gemeinschaft, des Betriebes. Das Verarbeiten des Erarbeiteten erschließt erst den Wertgehalt unseres Tuns. So wird aus einer vergeilten Haltung zusammenhanglos raffenden Aufbaus ein atmender Rhythmus der Gestaltung und Pflege. Ich habe es mir nicht nur dem Anspruch, der Form, der Symbolik nach angeeignet, sondern wirklich zu eigen gemacht.

Nun verstehen wir auch, was *legitimes* Eigentum wäre: Was du ererbt von deinen Vätern hast, erwirb es, um es zu besitzen. Klassisch wahr und doch ignoriert. Dabei ist es ganz einfach. Eigentum ist ein provisorischer Titel, untrennbar verbunden mit der Pflicht, die Lizenz auf den Besitz durch angemessenen Eigenbeitrag zu erwerben, es sich durch eine Tätigkeit zu eigen zu machen und damit einen sozialen Schutzraum reklamieren zu können. Eigentum ist der Anschein des zu mir gehörenden Eigentlichen, damit gerade nicht substantiell und von Dauer. Der Besitz ist durch das Erwerben naturalisiert und steht daher nicht zur Disposition. Deshalb garantiert und schützt der Staat zuerst das Eigentum, nicht den Besitz. Dessen persönlich begründete Bindung macht ihn konkret, praktisch, weltlich. Umso problematischer verhält es sich mit der Transaktion von Eigentumstiteln durch Wertsymbole wie Geld. – im Unterschied zur Nutzung, denn Nutzung ist als Arbeit Teil der Wertschöpfung. Es

ist bezeichnend, dass die Interpreten stets auf den ›Wert‹ hinaus
gehen, sich durch lautes Pfeifen im Walde weismachen wollen,
dass man Wert und dessen Bindung herbeireden kann. Nur der
Besitz ist wertvoll, den man auch tatsächlich nutzt und dadurch
lebendig hält. Zaubern und Wortmagie taugen dazu nicht, sie
jonglieren nur mit toten Hüllen. Beschränkt sich die Rede vom
Wert auf dessen zählbare Form, so bleibt sie redundant; sie geht
dann nicht auf die Qualität der Arbeit aus, die diesem Gegebenen erst sowohl Wert als auch dem Eigentum Legitimität verleiht. Nur durch das Erwerben zum Besitz können wir uns etwas
nicht allein symbolisch oder deklaratorisch zu- oder aneignen,
sondern wirklich zu eigen machen. Damit ist es aber an den Autor dieser Arbeit gebunden und Übertragungen ohne entsprechend konstruktive Leistung – wie etwa im Falle des bloßen Er-
bens – bedürfen stark einer Rechtfertigung.

Die gedankliche – und erst recht die satzungsmäßige – Abkürzung dieser Zusammenhänge ist nicht nur bequem, sie ist
vor allem selbstzerstörend. Sie geht darüber hinweg, dass das
Symbolische nur gilt, wenn es die Gesamtstruktur und die innere Wirklichkeit des Symbolisierten stimmig in sich trägt. Das
Lebensblut des Organismus lässt sich nicht in den Schematis-
mus IT-gestützter Datenverarbeitung übertragen, auch wenn
die krude Funktionalität scheinbar ähnlich dargestellt werden
kann. Dass diese Selbstzerstörung nicht schon mit noch größerer
Deutlichkeit zu Tage getreten ist als im Zuge allfälliger Finanz-
krisen und Bankenkonkurse, liegt nur daran, dass auch destruktive Prozesse ihre Zeit brauchen und ihrem Rhythmus folgen.

Leben als Wachsen durch proportionale und relationale Bewegung kennt keine absolute Zunahme. Quantitativ ist es ein
Nullsummenspiel. Die scheinbare Eutrophie ist nur eine Umverteilung, Verlagerung und neue Anordnung um Integrations-

zentren, noch nicht Zuwachs oder Integritätsarbeit. Qualität erwächst relativ aus jeder kreativen Bewegung, aber nur die Integritätsarbeit verspricht nachhaltige Veredelung. Deshalb ist Gerechtigkeit in einem bloß kommerziell-materialistischen Wirtschaftssystem eigentlich nicht möglich, nicht einmal denkbar. Es gibt keinen Maßstab ohne die Kategorie des Guten, die uns das Umstellen und Umsortieren als Verbesserung und Erweiterung vorstellt. Erst unter dem Gesichtspunkt der Qualität schlägt der Geist dem Naturgesetz ein Schnippchen: Es ist der Witz, mit dem sich Münchhausen aus dem Sumpf befreit, metaphorisch und buchstäblich. Es ist die ungebundene Urzeugung, die Parthenogenese, an der die Menschwerdung hängt: Nur hier kann ich, weil ich will. Die Euphorie, die bei manchen angesichts der Genialität dieses Schnippchens in Trunkenheit umschlägt, generiert jedoch keinen Wert. Sie ist das Gegenteil geistiger Kreativität: eine Fehlfunktion aus Überschwang oder Dummheit. Was uns die Möglichkeit von Qualität gibt, verwehrt uns durch diese zugleich die fortdauernde Selbstzufriedenheit. Der alchimistische Stein der Weisen taugt nicht zum Goldmachen, sondern begründet ein Leben, das sich von solchem Streben freimacht.

3 Aufgang

Integrität ist Entwicklungsarbeit in dreidimensionaler Ausrichtung. Sie besteht in der leiblichen Integration funktionaler und moralischer Anlagen in Relation zu einer durch stimmiges Handeln sinnvoll ausgerichteten Praxis, wobei sowohl der reale Mensch als auch institutionelle oder abstrakte Körperschaften entsprechend als Subjekte fungieren können. Das ist die Formung des verlorenen Tieres zu einem vernünftigen Akteur. Außerdem ist sie genau die Qualität, die sich in dieser Arbeit zum Ausdruck bringt. Dadurch finden wir den Weg, der sich zeigt, indem wir ihn beschreiten.

Diese Arbeit grenzt ein: Dasjenige, das wir uns durch Erleben, Erfahren, Verstehen zu eigen machen, bildet das Eingegrenzte. Es ist auf vorläufige Weise stabil eingehegt, in seiner inneren Struktur, mit den Relationen und Proportionen der Charakteristika des Kulturmenschen. Es ist stimmig und bildet eine Gestalt. Diese Arbeit grenzt auch ab: das Gebildete vom Rohen, noch Unbehausten, von der anarchischen bloßen Potenzialität. Was nicht hier einbegriffen ist, kann es entweder werden oder aber: es bleibt außerhalb der Ordnung, die unsere Gestalt ausmacht. Das ist weniger eine Frage der Substanz als eine der Perspektive in unserem Horizont.

Das so Abgeschlossene kann ich regieren; ausleuchten und es zum Ausdruck bringen; dabei bleibe ich Autor der Ansicht, die aktuell angemessen ist.

3.1 Verdreht

Die Gegenbewegung zu dieser Integritätsarbeit ist Pornographie: formal, prozedural und inhaltlich. Diese Aneignung durch eine nicht befugte, fremde Anschauung ist übergriffig, weil in ihr alles, was vielfältig und subjektiv ist, graphisch reduziert und entfremdet wird. Erst in diesem Blick wird die Haut, die Gestalt, zum manipulativen Objekt. Aus dieser Haltung werden die Grenzen überschritten, Proportionen verkehrt, umgestülpt und verdreht, ohne Maß, Verhältnis und Legitimation. Das betrifft mit der wachsenden Verrohung des öffentlichen Lebens zunehmend auch die Sprache: Wenn Jargon aus Ingroups und Sub-Milieus zu Zwecken der Aufmerksamkeit – bspw. durch Werbung – oder Ablenkung – in der rhetorischen Strategie – eingesetzt wird, dann wird der Horror des Rauchens mit dem Adjektiv ›tödlich‹ versehen und durch Leichenteile illustriert. Jene haben mit mir nichts zu tun und entziehen sich dadurch völlig seiner Schärfe und Glaubwürdigkeit. Ähnlich wird bei der Werbung für Hygienemittel drastisch vom ›Abspritzen‹ geschrieben. Wie erkläre ich meinem sechsjährigen Kind, was es damit auf sich hat, wenn diese Sprache aus der Nazi-Euthanasie durch eine Gruppe von Leuten mit speziellen Umgangsformen auf die Öffentlichkeit übergreift? Und das zu Themen, die ganz alltäglich, einfach und wahrhaftig beschrieben werden können, im direkten Miteinander in Familien, unter Gleichgesinnten, durch Pädagogik und gesundheitlichen Rat. Selbst bei der Fahndung nach Schwerverbrechern verzichtet man auf solche Schockeffekte. Die Sprache ist der Horizont menschlichen Erlebens mit der weitesten Ausdehnung und zugleich intimsten Berührung des Einzelnen mit der Gemeinschaft. Das macht es in liberalen Gesellschaften besonders schwer, Übergriffe als illegitim zu erkennen, zu kritisieren und abzuwehren, denn einerseits fehlt uns in unserer abstrakt, funktional und sinnlos gewordenen Welt eine übergeordnete Bezugsebene für anständiges Verhalten; besonders eine gemeinschaftliche Meta-Sprache. Andererseits sind wir moralisch so schwach und verunsichert, dass wir nicht einmal wissen, an wen wir uns mit Sorgen und Kritik wenden können, sobald der Übergriff ausdrücklich im Raum steht.

Darin besteht die Gewalt und das Grundfalsche der Pornographie. Sie hat nur beiläufig mit ihrer sexualisierten Variante zu tun. Auch die ›Körperwelten‹ stehen eher für unsere unbeholfene, ratlose, nicht-souveräne Unfähigkeit, die Dinge beim Namen zu nennen und den Punkt der vage empfundenen Problematik der Pietät oder Geilheit zu treffen. Aus einer integren Verfassung gibt es nichts, was Anstoß erregen kann, weder moralisch noch ästhetisch. Manches mag provozieren und ich kann mich in Verantwortung rechtfertigen, wenn ich gewiss bin, dass dies mein Standpunkt verlangt.

Denn Integrität beruht auf der angemessenen Anordnung von Relationen und Proportionen in Gestaltungsprozessen. Ich weiß, wer ich bin, und zeige, was ich will – so, wie ich es meine. Erst auf dieser Grundlage lohnt es sich eigentlich, über guten Geschmack, Kunst, Wissenschaft und die Regeln des Zusammenlebens zu streiten. Ohne sie sind wir als Handelnde unqualifiziert – was uns freilich nicht von der Legitimität und Verantwortung des Urteilens entbindet. Das ist etwas ganz anderes als vulgäre, schrankenlose Selbstentfaltung; nämlich nicht Ausdruck des Gehenlassens, sondern eines Leidens am Unbestimmten, einer leidenschaftlichen Formung von etwas, das es so noch nicht gibt, was niemand nur aus Lust oder Ehrgeiz tut. Die Freude am Gelingen mag dann ganz allein und für andere abstrakt bleiben. Dafür kann es keinen Markt und auch kaum angemessene rechtliche oder moralische Normen geben. Das Genie verbrennt nicht im Fegefeuer, es ist einsame, reine Lebensenergie.

Heute leben die angeblich entwickelten Teile der Welt in einer pornographischen Industrie. Jede private, belanglose Absonderung kommt in den gleichgeschalteten Verdauungs- und Reproduktionsapparat der ›sozialen Medien‹ – die weder sozial sind noch vermittelnd wirken – und am Ende kommt die immer gleiche Substanz heraus: Abfall, der sich selbst in eine Spirale der Belanglosigkeit inszeniert; nicht weil die womöglich enthaltene Information sinnlos wäre – das geht niemanden etwas an –, sondern weil die Technologie als Selbstzweck das alltägliche Erleben und Sinnen prägt, uns einer fremden Ausrichtung und Aufmerksamkeit überantwortet. Sie kennt keine Unterscheidung zwischen Wert und Unwert, alles dient dem Zyklus des »Trash in – Trash out«.

Die Exposition unseres Inneren durch die ›sozialen Medien‹ lässt uns, ohne dass wir es wollten oder bemerkten, direkt und unvermittelt aus der einen, geschützten oder intimen Sphäre in eine andere hinübergreifen. Wir ermöglichen das durch unsere Identifikation mit der Entfremdung und spielen uns selbst in einem volatilen Paralleluniversum. Ganz gleich, was wir so tun, wir handeln nicht mehr, träumen nicht einmal mehr als Menschen, sondern überlassen uns der automatisierten Steuerung der Zwischenwelt. Geht dies von der Masse einzelner Druckpunkte aus, so erodiert diese Eutrophie des Bedeutungslosen das Menschliche, indem es dieses durch technologische Automatik überlagert und überformt. Geht es aber von staatlichen oder anderen machtvollen Marktschreiern aus – wie im Falle positiver (»Wie geht es deiner Scheidenflora?«, eine Anzeige auf einer Werbefläche in Salzburg) oder negativer (Schockbilder auf Zigarettenpackungen) Werbung – so wird der Übergriff totalitär, greift brutal durch Schonung, Scham und

Scheu hindurch und in den seelischen und geistigen Gesund-
heitshaushalt jedes Menschen ein, der sich solch einem vergeilten Machtmissbrauch nicht entziehen kann. Wir können es nicht
planvoll beeinflussen, haben aber – vielleicht – eine Wahl: uns
zu entziehen oder zu unterwerfen. Den Kampf können wir nicht
gewinnen, weil er im Grunde unmenschlich ist, nur nach der
Rationalität des Uneigentlichen funktioniert. Das können wir
einfach nicht.

Die erfüllende Aufgabe des Integritätsplans ist es dagegen,
jeden Moment der eigenen Existenz mit Sinn zu erleben;
dadurch die Bedeutung durch das kleine Jetzt und Hier zu erfahren, zu verstehen und ein Kontinuum des eigenen Seins zu
verwirklichen, sich zu beleben. Das kann gelingen, indem diese
Arbeit meine Haltung zu mir selbst und zur Welt unangestrengt
zum Ausdruck bringt. Ich gestalte das Mich-Gehen-Lassen;
lasse – mich – gehen. Dann bin ich Autor der Urzeugung meines
Selbst. Diese Beschreibung kann ich nur in der Gegenwart lesen.
Die Zeit ist hier nicht als grundlegendes Schema des Verstandes
zu begreifen, sondern als Struktur des Erlebens. Sie wird in diesem Moment real. Leben.

Deshalb kann niemand anderes und keine Erfahrung anderer diese Leistung übernehmen: Ich prüfe mich unausgesetzt,
wenn – und ob – ich bei mir bin. *Wenn* ich bei mir bin, antwortet
auf das ›Du‹ ein ›Ich‹. *Ob* ich bei mir bin, weiß ich durch die
Unmittelbarkeit meines Erlebens. Erst *da* ich bei mir bin, nehme
ich die archimedische Position der Mitte an, aus der ich balancieren kann.

3.2 Schütteln

Habe ich damit etwas gewonnen? Etwas, das ich ›getrost nach
Hause tragen‹ kann? Gewinne ich Sicherheit für den Weg durch
die Gewissheit meines Standpunktes? Der prognostische Wert

dieses Momentes ist ebenso fragwürdig wie die Rückversicherung durch das Wiederbeleben vergangener Momentaufnahmen oder seine Konservierung – etwa als Modell. Man kann ihn noch nicht einmal in Worte fassen, beschreiben. Sein Wert liegt nicht in der Offenbarung eines überlegenen Blicks, in mystischer Prophetie oder Hellsichtigkeit. Solche heiligen Erlebnisse gehören ins Privatissimum. Im kommunikativen Raum können sie nur die innere Logik des Wachsens verstören und zerstören. Der Wert dieses Momentes der Autorschaft liegt in der Selbstaufgabe.

Wenn ich den wilden Bach überquere, indem meine Füße die glattgerundeten Steine, nach und nach, auf Festigkeit prüfen, sie dabei leicht neu ordnen, den Fluss erspüren; indem meine Sinne mich in der Bewegung auf das andere Ufer hin ausrichten; indem ich so meine Mitte balanciere, ganz bei mir und damit in der Welt bin: Wie könnte ich diese wirkliche Erfahrung in ihrer Qualität mitteilen? Nur in einer Sprache und mit Botschaften, die nicht zugleich etwas Abstraktes, Gültiges zu vermitteln versuchen. Die Natur der orientierenden Sprache unterscheidet sich kategorial von der Kompetenz der Orientierung. Die eigene Erfahrung knüpft die Verbindungen zusammen zu den Bereichen des Lernens, die nicht durch die Lehre ausgearbeitet werden können.

Das Sein ist genau in dem Sinn, in der Gestalt und Qualität, in dem Moment wertvoll, da ich mich ungeschützt, unvermittelt, acht- und empfindsam selbst als Instrument erfahre – also als die dialektische Aufhebung alles dessen, was ich bin. Mir bleibt nur dieses Echo, ein Abglanz und Nachhall als schwächlicher Funke der Erinnerung an den Auftrag des Menschseins. Schon der Ausdruck ist die Beschreibung eines Abschieds vom Chaos des Gegenwärtig-Unentschiedenen. So stehe ich am Strand der Geschichte.

Dafür gewinne ich die Bewegung des Wachsens. Ich vergehe nicht, gehe nur ein; ich zerreiße nicht, gehe nur auf; ich vergesse nicht, knüpfe nur weiter: Gestalt und Umgestaltung.

Ich kann das existentielle Trauma der Menschheit, den Verlust der Aufgehobenheit, des Erlebens der Einheit, des Fraglos-Selbstverständlichen, des sich- und zugehörenden Seins nur immer wieder neu inszenieren, interpretieren, lesen, formen; aufrüttelnd oder heilend. So schärft sich mein moralischer Sinn, mein Wissen vom Menschlichen, die Ausrichtung meines Strebens.

Das wird dann mein Gewissen: ein Organ urgründiger Selbstermächtigung. Mein erster Erfahrungs- und Sinnzusammenhang. Es spielt mit, wenn ich meinen Willen organisiere und mich in Entscheidungen übe.

Das Gewissen ist aber bereits ein Kompromiss: halb geronnen in der Zeit, halb Durchlass zum amorphen Mensch-Sein – als Ich. Mein Gewissen regiert, die vielstimmigen Klänge und Themenstränge meines Wissens, zum Können. Es organisiert das Wachsen, Erfahren und weltläufige Zusammenspiel meiner moralischen Anlagen mit der Gestaltung durch funktionale und leibliche Integration: mein Weg im guten Leben.

So tritt der Integritätsplan des Menschen als soziales Wesen ein, in den Horizont der Welt. Im Integritätsplan des Lebens verstehen wir die Grundlagen des Erlebens, des Spielfeldes und der Melodie unseres Handlungsrahmens. Im Integritätsplan des guten Lebens verbinden wir dies mit der Selbstbestimmung, der Gestaltung und Kultivierung meines Lebens, in der Erfahrung sozialer und existentieller Verbundenheit durch das Leitbild meiner Maxime: Als was für ein Mensch will ich mich verstehen, ausdrücken und in der Welt erfahren? Schließlich begreife ich im Integritätsplan der Menschheit meine eigene Rolle in der

Kultivierung zum Weltbürger. Das Verfahren des Integritätsplans besteht darin, diese drei Etappen als Auf- und Entfaltun-
gen eines Gestaltungsprozesses zu verstehen und zu organisieren, die sich beständig durch einander ihrer selbst vergewissern.
Die Integrität ist der Nukleus der Qualität, ein Mensch zu sein.

3.3 Ausstrecken

Wie kommen wir auf die Spur? Es stimmt ja: Leben ist Bewegung. Aber nicht jede Bewegung ist Leben. Die bloße Flieh- oder
Schwerkraft oder auch die Zauberei des Magnetismus illustrie-
ren bloß einen Vorgang, die physische Mechanik der Kausalität,
als gesetzmäßiges Arrangement, aus der Vielfalt von Konstella-
tionen des Gegebenen einen Effekt zu bewirken. Ein brennen-
des, Funken sprühendes Stück Zellstoff, das sich aus einem
Feuer erhebt, davonflattert und sich im Horizont nächtlicher
Waldschatten verliert, schenkt uns Inspiration, bleibt aber der
Spiegel unserer Einbildungskraft. Wie im Spiegelglas betrachten
wir dann nicht nur ein Bild, sondern ein auf typische Weise ver-
kehrtes.

Das ist der Unterschied von Tun und Handeln: Füttere ich
ein Baby, dann ist es ein Tun, indem ich als Mensch mit eigenem
empathischen Wollen, mit Anteilnahme und einem umfassenden Verständnis der Zwecke und inneren Möglichkeiten dieser
Interaktion nicht in Betracht komme; wenn ich das bin, was ein
raffinierter Roboter ersetzen kann. Bei dessen besonders ausge-
klügelter Variante vermögen technische Vorkehrungen den Anschein der Imitation menschlichen Handelns, des Lernens und
der Kommunikation zu erwecken und so den Unterschied zwischen erkennendem und blindem Leben zu verwischen. Dies ist
aber nur dadurch möglich, dass der Mensch selbst sich den An-

schein geben kann, ein bloßes Mittel zu sein, nichts als ein Aggregat seiner physischen Funktionen. Wenn ich mich aber selbst aus dem Spiel nehme, in dem ich meinen Weg gehen will, wonach sollte ich dann suchen? Diese Frage stellt sich dann, wenn es um mich geht und ich am Zuge bin – da ich diesen Mehrwert selbst außer Kraft setze. Die Aporie triumphiert schmeichelnd, schmerzlos.

Im staunenden Erschrecken vor der Größe unserer innovativen technischen Möglichkeiten setzen wir uns so, als die Ermöglichenden eines souverän damit umgehenden Handelns, selbst matt. Dabei ist und bleibt es denkbar einfach: Ich habe selbst die Freiheit zu entscheiden, ob ich mich so oder als ein Subjekt der Pflicht verstehen will. Es gibt da offenbar eine instinktive Scheu vor der Verantwortung. Lieber macht man sich zu einem unmündigen Faktor des schillernden Apparates, als sich ohne diesen nackt, einsam, der Furcht vor dem Nichts ausgesetzt zu denken. Dies ist ein überaus erfolgreicher Trick unseres Zivilisationsdesigns: Er liefert uns eine lärmend gaukelnde Präsenz nichtiger Dinglichkeit und fordert dafür nichts als meine Seele. Anders als beim großen Faust verlangt dies kein Pathos mit Pakt und Blut. Es genügt, sich im Rhythmus aus verzagten, kleinmütigen, kleinsten Entscheidungen einzurichten, die ja nicht einmal schlimm sind, weil sie ja nicht wirklich meine, sondern irgendwie alternativlos sind und auf der Hand liegen.

Beim Tun kommt es auf Bewegursachen an, die nicht in meiner Hand liegen. Es kommt nicht auf Beweggründe an, die ich mir zu eigen mache. Im Handeln erfüllt sich dagegen die schöpferische Arbeit meiner menschlichen Kreativität. Das minimale Risiko, mich trotz gewissenhafter Prüfung und bewusst angenommener Verantwortung irren zu können, schärft meine Entscheidung. Das ist meine Würde. Dieses Wissen ist ebenso archaisch wie der Unterwerfungsinstinkt. Es kommt auch ohne den stereotypen Dualismus von Kultur–Natur aus, sogar besser: Denn die Kultur ist ja gerade kein Gegensatz, sondern eine Anlage der Natur, nämlich unserer. Schlaglichter dieses alten Wissens, des Konflikts von Überheblichkeit und Selbstverlust sorgen heute für pornographische Gänsehauteffekte im Getriebe der Unterhaltung. Metaphern wie die des automatenhaften ›Zombies‹ könnten uns an uns selbst erinnern, an unsere Existenz als willenlos getriebene Agenten einer bedeutungslosen Funktion: die Welt als anonymes Kollektivgetriebe zu kolonisieren, sie in ein alles Leben zerstörendes, verdauendes Geschwür des Kommerzes umzuformen. Wer bestreitet, dass wir anders können, eigentlich anders sind, und also handeln müssen, anstatt nur so zu tun, verstümmelt unseren Leib zu einem bloßer Funktionalität unterworfenen Körpermechanismus.

Also, noch einmal: Wie kommen wir auf die Spur? Wie entfalten wir die lebensstiftende Bewegung des Lebens? Das ist kein Münchhausen-Syndrom, sondern die selbsttätige Arbeit am Webstuhl der Zeit; vom Anbeginn bezeugt.

Es braucht dazu wohl einen Schubs.

Wir können es ja. Uns zusammenreißen, uns einen Ruck geben; ich kann mich an die Bringschuld erinnern, die mein Würdeprivileg mit sich führt. Aber warum sollten wir es tun, warum sollte ich es tun? Fühlt es sich doch so rund und glatt an, in der routinierten Entfremdung leerzulaufen? Unabhängig von allen anderen müsste ich selbst das wollen und beginnen.

Vernünftige Einsicht ist sicher richtig. Ich habe ein Gespür für das Richtige. Aber sie überkommt mich dann nicht zuverlässig, wenn sie Not täte – im Gegenteil. Ganz andere Beschäftigungen unseres Verstandes stabilisieren die Routine, verleihen ihr eine eigene Rationalität und lullen mich weiter in die kleinen Geschäfte und großen Träume des Alltags, des Jobs, für die Karriere oder den Abenteuer-Urlaub ein. Ich lasse mich treiben, geleitet vom magischen Strom des Beliebigen, von Gesichtern, Aufregern, Teasern.

Es kommt sicher eine bessere Gelegenheit.

Wie fühlt die sich an?

Eigentlich so wie immer.

Jetzt ist der einzige Moment loszulassen; mich einzulassen auf diesen kurzen Moment; nicht zu wissen, ob ich mich im freien Fall oder auf dem Sprung in Richtung Freiheit befinde. Es ist immer: jetzt!

Ich habe nur die Wahl zwischen zwei Varianten der Krise. Entweder bestimme ich deren Eintreten, was schwerer fällt, mir jedoch ein Maß an Kontrolle und Gestaltung der Bedingungen und Umstände erlaubt. Oder aber ich erlebe die Krise als äußeren Zwang. Dann fällt das mir leichter, weil ich nur reagiere.

Diese Ur-Entscheidung kann in ihrer gesamten Qualität – gefühlt, gewusst, gedacht, gemeint – zu einer Quelle für alle weiteren Entscheidungen werden, die ich treffe, im Kleinen und im Großen. Wie alle Kompetenz gewinnen wir durch Üben an Souveränität. Es ist wichtig, die Qualität dieser Bewegung unabhängig vom Anlass oder Inhalt der Entscheidung zu sehen, um die es je gehen mag. Diese Unabhängigkeit ist ein anderes Wort für meine Autonomie, mein Einsatz als vernünftiger Gesetzgeber meines Handelns.

3.4 Aufgerafft

Die im Inneren oder umstandshalber erfahrene Krise ist also das Initial, mich auf den Weg zu begeben. Wohin?

Da ist sie wieder, diese irreführende Frage, in der orientierungslosen Sprache der Geographie.

Abwegig.

Es geht nur darum, wie ich die Qualität aufnehme, nutze, gestalte, mich selbst als Weg verstehe.

Das Wohin versteht mein innerer Kompass, also mein Gewissen. Welchen Verlauf dieser Weg dann in der Welt nehmen wird, ist das Abenteuer des guten Lebens. Punkt, im Sinne von: Das ist der Ausgangspunkt eines jeden Zwischenschritts im Durchgang des Übergangs. Der Ruck löst sich auf: Ich gleite, schwebe, arbeite.

Dass es sich bei diesem Übergang um eine Krise handelt, ist nicht nur auf die Trägheit des Gefühls zurückzuführen. Es liegt auch in dem Geschehen selbst. Nach unserer Geburt, mit dem Übergang hinaus aus der engeren Familie; in der Pubertät, bei Umzügen in fremde Horizonte; mit dem Eintritt in die Arbeitswelt: Immer wieder erfahren und vollziehen wir das Ende einer stabilen (nicht auch gleich harmonischen oder gesunden) Phase im Dasein.

Meine Integrität, meine Struktur löst sich auf; die tragenden Elemente, die alles an seinem Ort halten, geben nach. Barrieren werden durchlässig, für den Austausch von Stoffen und Signalen; das bislang Stimmige verliert seine Kohärenz. Das ist unbequem, riskant.

Wachstum kennt und verlangt diese Übergänge, die Umformung und gestaltende Ausweitung. Ich raffe, schwinge mich auf. So ist die Krise ein Sinn und Stärke stiftendes Programm, ich selbst zu bleiben. Der Vogel erhält seine Beine auch im Flug.

Zwischenspiel

Am Morgen erwache ich. Es dämmert. Wo bin ich gewesen? Im Winter des Tages, im Schlaf, dieser Arbeit des Ruhens, der Sammlung. Jetzt ist alles, was ich bin, an seinem Platz, in seiner Ordnung. Was rege, gestreckt, verbreitet war – zerstreut und gerichtet –, durfte im Raum atmen, zu sich kommen, zu meiner inneren Gestalt. Nun spüre ich die Energie aus meiner richtigen Anordnung, bereit sich neu auszurichten; eine frische Balance.

Ich belebe mich zu einer weiteren kleinen Runde im nichtigen Wandel der Zeiten. Im Frühling des Morgens strecke ich meine Glieder, schüttele mich: zur Blühte, zum Möglichen, vor dem offenen Horizont der Hoffnung.

Also taste ich mich heran. Wie auf glatten Steinen überquere ich den leise gurgelnden Bach und blinzele mich aus dem Schatten ins Sonnenlicht hinüber.

Ich stutze. Das Gespinst meines Geistes gestaltet den Saum meines jenseitigen Ufers. Verwebe ich mich mit dem Summen des neuen Tages. Mache mir den Morgen zu eigen; fühle, atme mich in ihn hinein, lausche dem Klang schwellender Stimmen hinterher, wohl um ihnen nachzugehen. Oder, besser, ich reiße mich aus dem Gewebe, stürze mich unvermittelt in die Welt, lasse mich aufnehmen, als Blatt in den Rhythmus ihres Atems. Im Windhauch des Morgens lasse ich mich treiben, ziehe dahin.

Was macht das mit mir? Bestimmt der Unterschied, was da kommt? Achtsam bleiben!

Bleibe ich auf meinem Weg? Folge ich meinem Zweck?

Ist es das, was ich zu sehen glaube dort in der Ferne? Oder ist es mein Wissen durch diese Aussicht?

Das Selbstverständliche folgt der Schwerkraft, so wie ich es antreibe. Ob gut oder gleichgültig: Die Erscheinung meiner Sekundärtugend verrät nichts. Nur dass ich nicht dumm *und* dickfellig bin: Denn ich beherrsche den störungsfreien Betrieb meines Alltags. Wer genau hinsieht, mag wohl an der Haltung unterscheiden, ob ich den richtigen Weg einschlage oder den falschen, nicht an der Stellung meiner Füße. So heiligt der Zweck nicht die Mittel. Aber er geht immer durch sie hindurch.

Die Mittel zu vernachlässigen heißt, die eigene Kompetenz zu verkümmern, zu verstehen und zu handeln. Meine Haltung geht Hand in Hand mit den Mitteln. Sie macht meinen Gang geschmeidig, trittsicher und rhythmisch. Die Mittel tragen den Abdruck meines Wollens, im Gehen sammele ich, durch Entscheidungen läutere ich und in meiner Geschichte veredele ich die Qualität meines Weges. Haltung und Gang, Mittel und Zweck, Weg und Ziel bilden ein Integral.

4 Bewegung im Durchgang

Wenn wir uns klar machen, dass Leben ununterbrochen im Übergang ist, müssen wir uns wundern, wie wenig wir darauf achten, diese Passagen zu ermitteln, um sie in, durch und zwischen Übergängen zu gestalten.

Das gilt für sämtliche Bereiche des sozialen Lebens: von der achtsamen Teilnahme am Schicksal unseres Nachbarn über die Kooperation zwischen bürokratischen Abteilungen kommunaler und staatlicher Verwaltung bis hin zur politischen Beteiligung und nachhaltigem Konsum. Es gilt im Großen, wenn wir uns um den Übergang einer kolonialistischen Weltsicht zu einer weltbürgerlichen Globalisierung kümmern sollten, wie im Kleinen, in der Verantwortung für Handlungen, die wir allein aus eigener Vollmacht ausführen. Der innere Zusammenhang liegt auf der Hand als der rote Faden, mit dem ich die Integrität meines Wollens mit der Gerechtigkeit unseres Sollens integriere. Das ist nicht nur und nicht einmal in erster Linie ein moralisches Problem. Unser Versagen zeigt sich ganz allgemein darin, wie unbeholfen wir sind, wenn es darum geht, uns selbst im Netzwerk unserer Rollenbeziehungen zu verstehen; als Weltbürger in vielfältiger Proportionalität, die uns gemäße Perspektive einzunehmen, sie uns mit der Zeit anzueignen; die entsprechenden Prioritäten und Strategien zu erarbeiten und uns als lernendes Sein zu verwirklichen. Seinen sinnfälligsten Ausdruck findet dieses systematische Versagen in der Ungerechtigkeit auf allen Ebenen, in der Unfairness gegenüber anderen, im Aufspreizen der Schere zwischen Arm und Reich, zwischen Gebildeten und

Bildungsfernen, zwischen Gesunden und Kranken; sowohl innerhalb unseres Landes als auch im Vergleich unserer Nachkriegsinsel mit dem ›globalen Süden‹; in den wirtschaftlichen, sprachlichen und gedanklichen Grundeinstellungen unserer – sogenannten – Weltordnung.

So können sich krasse Fehlstellungen ausprägen: wie der Stellenwert von kommerzieller Sportberichterstattung oder die Selbstverständlichkeit von Feldzügen ideologischer Unreife unter Schlagworten wie Gender-Mainstreaming oder China-Bashing. Noch fühlen wir uns sicher in dem immer fadenscheiniger werdenden Konzeptrahmen unserer Moderne, überhören das bedrohliche Tröpfeln des Menetekels: Begriffe ohne Anschauung sind leer.

Hier suhlen wir uns weiter: eine ewig adoleszente Gesellschaft des Amüsements, sich an verkopfter, vergeilter Selbstbefriedigung, am Abglanz von Wert, am Anschein zu leben, ganz selbst zum Narren haltend. Wir haben Gott nicht nur stumm und tot gemacht, wir machen uns zum Ebenbild einer schalen Witzfigur.

Die Ironie: Wir sind trotz allem nicht glücklicher als diejenigen, die wir zu Unterprivilegierten gemacht haben. Dazu allerdings war die große europäische Friedensdividende nicht gedacht. Braucht es denn wirklich Verheerung, Leid und Elend des Krieges, um uns zu spüren? Sind wir noch immer nicht so sublim, subtil und fragil kultiviert, um unsere Haut zu empfinden, ohne dass ein Schrapnell unseren Nächsten zerfetzt? Die Haut ist das Sinnbild des Überganges: Keine trennende Folie, sondern ein Flechtwerk aus atmenden, sprechenden Toren, leitenden Bahnen und steuernden Pforten, um in Kontakt zu treten, den Austausch zu pflegen, zu wachsen, abzugeben und aufzunehmen. Wir werden ihr nicht gerecht.

Auch wenn das Thema dringlich und gravierend ist: die Ökologie ist deshalb um einiges bequemer als die Gerechtigkeit, weil sie so leicht als Aufgabe anderer – Personen, Mächte oder Zeiten – außerhalb unserer Reichweite deklariert und verwässert werden kann. Wer aber einmal Gerechtigkeit verstanden hat, leidet permanent am Schmerz seiner Seele – besonders. wenn der Bauch wohl gefüllt ist.

Diese Differenz, unzureichend zu sein, uns den Mantel des Menschlichen unberechtigt anzumaßen, lässt uns vor Frost starr oder brennend geschunden stehen. Da schützt weder der Wohlstandsspeck noch Bodybuilding noch ein dickes Fell. Es peinigt, es nagt, es brennt. Ohne die Konturen unseres Leibes in eine Gestalt aus Sinn und Verstand auszubilden, gibt es keine Heilung. Ohne Gerechtigkeit, keine gesunde Welt. Dabei geht es rein gar nicht um Ab-, Ein- oder Ausgrenzung, nicht um den Identitätswahn, hinter dessen fragwürdiger Hülle wir unsere Schönheit verschleiern. Das Leitbild ist: flexible, durchlässige, schützende, verbindende – atmende – Haut; die verknüpfende Membran, durch deren Kunst unsere Zellen, Organe, Gefäße zu einer Gestalt gefügt sind: ein hegendes Ganzes. Unsere Außenhaut bildet wiederum die Verbindung zur Welt, zur Gesellschaft, durch meinen Leib, den ich Raum greifen und Platz nehmen lasse; dessen Reibung mir die Welt und mich mit ihr erschließt. In meiner Gestaltform des Übergangs, in Form und Zeit, bilde ich einen Knotenpunkt: das an den Verknüpfungen arbeitende Herz. Es ist Ausgangs-, End- und Durchgangspunkt meines Wissens, meiner Dummheit, meiner All-Einheit und Nichtigkeit.

Wir kommen schlecht damit zurecht, uns allein gelassen zu fühlen. Es ist das Schicksal der theologisch geführten Welt unter säkularen Bedingungen. Die Leerstelle des All-Einen von Macht, Güte und Verantwortung ist nicht ohne erhebliche Krisen und kulturelle Arbeit neu zu füllen oder in eine konsequent säkulare Vernunftgeschichte zu überformen. Aber vielleicht können wir es ja doch. Denn wir sind nicht allein, wenn wir die Übergänge gestalten. Wir stehen im inneren Gespräch mit uns selbst, in der vielstimmigen Geschichte, im lebendigen Durch- und Miteinander und: Ich habe dich.

Es ist ja nicht so, als verfügten wir nicht über das entsprechende Wissen. Aber auch hier gelingt es nicht, es dorthin fließen zu lassen, wo es angemessenen Nutzen stiften kann. Besonders der Transfer von schlummerndem Bildungspotential ins Wollen der Herzen will einfach nicht gelingen, obwohl wir doch unentwegt den Nürnberger Trichter in jeglicher Form zum Einsatz bringen: Die Courage, sich der Vernunft durch unseren Verstand zu bedienen, aus dem dumpfen Winkel unserer bequem gehaltenen Unmündigkeit aufzustehen. Sie will sich einfach nicht per Verordnung einstellen. So bleiben wir ausgerechnet bei den Kompetenzen, die für die Aufklärung entscheidend sind, in einem Dämmerzustand. Wir bleiben zählbar (statt wertvoll), berechenbar (statt mutig), belanglos (statt souverän) – und spotten so dem Schmerz unserer Verantwortung. Welch eine Rezeptur für Deformationen aller Art! So spotten wir unserem Humanismus Hohn.

Dabei käme es für jeden Schritt, den wir tun, nicht nur darauf an, wie wir ihn gehen, sondern auch, in welche Richtung, mit welcher Haltung und mit welchem Gepäck. Die Qualität des Überganges, im Schreiten die Momentahnung zu erleben, schwerelos zu schweben, traumwandlerisch die Füße zu setzen; dieses Blitzen der Ungebundenheit ist ein Funken der reinen Freude, ein Abglanz der Freiheit.

Das ist alles, was wir hoffen können.

Es ist auch alles, was ich brauche, um mich zu kultivieren. An dieser Qualität kann ich meinen Kompass eichen. Damit ich so das Was und Wozu ins Wie übersetze. Nur das *Wie* gibt mir alles, was ich brauche, hier und jetzt, in diesem Durchgang. Es selbst ist das Erleben, das Schwingen, das Erheben und Positionieren. So gewinne ich die Haltung und halte mich aufrecht, ohne den Boden, den Himmel, das vibrierende Leitungsgeflecht meiner Haut zu verlieren.

Ich bin in der Lage, gerecht zu entscheiden.

Das Interesse der Integrität richtet die Aufmerksamkeit auf das ›Wie‹ der Handlung‹, als ihr ›handlungskontextualisiertes Was‹. Dadurch vollzieht sie einen Übergang der Bestimmung der Qualität als kategorial bestimmt: etwas ganz anderes zu sein als ein Schlagschatten aus Kennzahl und Form.

Schließlich wird sich dann der Weg, der als der ›meine‹ erscheint, in der Zusammenschau kleiner Entscheidungen, Korrekturen oder Stützen, mit der großen Geschichte meines Lebens ergeben.

Den großen Sinn gibt es nicht ohne den kleinen. Jedes Detail verlangt nach einem Horizont, um etwas – für mich, für uns – zu bedeuten. Wir sollten uns also schon bei der großen Geschichte entscheiden, was Übergänge bedeuten, wie es gemeint ist, hinüberzugehen. In jedem Fall hängt diese Entscheidung, ob wir sie bewusst treffen oder *so* meinen, davon ab, was wir sind: also vom Wie.

4.1 Ausgreifen

Es gibt zwei Arten, den Horizont zu erweitern, in dem und durch den wir verstehen: Weite und Dichte. Der Horizont ist die äußerste Ausdehnung des Leibes. Der Inbegriff meiner Erfahrung, meines Empfindens, wie ich denken und mir etwas vorstellen kann. Ich begreife diesen Leib aber nicht vom Horizont her, sondern durch meine Haut. Denn er ist sie und sie ist für ihn. Zum Horizont entwerfe ich die Haut meines Leibes. Sie schwingt zurück, tief in mich hinein, durchlässig, raumgreifend, gestaltend und absichernd.

Das Korporale ist nur scheinbar ein Festes, wirklich aber pulsierendes Vibrieren im Ringen um Worte: eine Spannungsstation der lebendigen Welle, eine krude entworfene Grenze; ein Limes: Innen und außen werden geschieden, aber weniger, um das Trennende gegen das Spezifische zu stellen, sondern um dem Durchgang einen Sinn, eine Struktur, eine Ausrichtung und eine Form zu geben: atmender Ausgleich und kreiselndes Wachsen.

Die Sache ist einfach, weil alles zusammenhängt. Die Sprache macht es schwer, weil sie stets auf Teilung baut und Differenzen manifestiert.

Der Körper, die Einheit, die Abteilung – ein jedes hat seinen Sinn, seinen eigenen Wert, aber nur – einzig durch die handelnde Beziehung zum anderen – in der arbeitsteiligen Kooperation mit dem, worauf der Mensch aus ist, der ich auch sein könnte. Hierin löse ich mich nicht auf. Ich erleide keinen Verlust: ich werde erst zu mir selbst, indem ich mich in der Verknüpfung als Lebensbewegung, als atmenden, verbundenen, wachsenden, sterbenden Leib erfahre. Wir überschreiten die Grenzen des Bekannten und öffnen uns für Neues.

Die Weite, demgegenüber, wirft das Netz des Erlebens aus, in Zeit und Raum. Sie findet, schafft, sammelt, sortiert, verwirft, lauscht dem Gesang des Lebens, setzt sich aus – und schaut. Die Seele tanzt, das Herz geht auf. Geschichte wird gemacht. So greife ich hinaus in die Zeit, entwerfe Spuren, lasse mich in Motiven ergehen, schweifen, laufen – an der langen Leine meines Geistes.

Die Dichte holt das Netz wieder ein. Sie nimmt auf und integriert, verknüpft, verfestigt, gewinnt Substanz. Das Herz gerinnt, bildet Form. Der Geist richtet sich häuslich ein im Raum.

Geschichte wird gedacht, verwaltet, als Wissen arrangiert und in Lernen umgestaltet, geschichtet.

Das Herz schlägt weiter, es pumpt und saugt und träumt.

So stellen wir uns also auf, in diesem widersprüchlichen Provisorium des Seins. Hier wird alles, was ich betrachte und will, zum anderen, zu dem, was ich nicht bin und wozu ich mich verhalte. Selbst der Standpunkt gefriert unter meinem Blick zum Objekt.

Da hilft nur: Geh den Weg, der sich findet, achtsam, indem du ihn gehst. Dies ist kein Abwenden von der vernünftigen Reflexion und kritischen Selbstbescheidung; es ist deren Vollendung – allerdings nur im Format der Choreographie.

Diese Wende ins Handeln ist bereits in Kultur gegossen. Bekannt als antike Lebensform der Theorie oder Selbstkultivierung, des tätigen Menschseins auf Kredit. Das Innehalten als Bewegung im richtigen Maß gibt den Takt für ein gutes Leben; nämlich eines, das besser werden will. Einfach weil besser werden gut ist.

So nähern wir uns dem Anderen, als Entwurf des Noch-Nicht-Ankommens, als Aussicht auf den gelingenden – weil nie endenden – Durchgang meiner Aufgabe, meines Lebens. Ich will Gelingen erleben, ohne es als Erfolg zu begreifen. Nur in diesem Rahmen gewinne ich die Sicherheit und das Recht, mein Leben als Spiel zu gestalten, meine Bildung als Exploration, mein Wissen als Spekulation und meinen Ausdruck als Essay. Alles ist versuchsweise: Das ist meine Würde und mein Stachel.

Der Stoff hierfür ist mir immer zur Hand. Denn da bin ich ja. Wenden wir uns also der Erweiterung der inneren Horizonte unserer Welt zu. Nicht Europa, Afrika oder China konfrontieren mich mit dem wirklich Anderen. Das bin ich immer selbst. Erst

wenn ich meine provisorischen Identitäten in Integrität um-
forme, schaffe ich eine robuste und belastbare Grundlage meines Wissens und Könnens.

Je weiter die Menschheit damit fortschreitet, die äußere
Welt zu erschließen, umso größer ist die Spannung, die wir aus-
halten und balancieren müssen, wollen wir selbst handlungsfähig bleiben. Die Spannkraft und das Gespür für das rechte Maß
dafür gewinne ich nicht in der Ferne.

Die unerträgliche Zumutung, eine entsetzliche, anmaßende Erkenntnis: Ich bin mein Maß aller Dinge. Diese Zumutung zeigt mir nur eine Richtung, ganz gleich, wo ich gehe: Die
Arbeit, in mir aufzuräumen, zu ordnen, mich zu qualifizieren.

Indem ich nun das Andere eingeholt habe, vergewissern
wir uns des Themas im Durchgang: Es geht immer darum, mir
das Andere, auch das ›Ich-Geheißene‹, mir zu eigen zu machen.
Ich bin das Weben im Durchgang, greife Raum und verdichte,
ohne mich dabei aufzulösen oder dicht zu machen. Im Verknüpfen meiner Beziehungen in der Welt wirke ich meinen Sinn und
mein Profil, werde zu einem sozialen Gebilde, an dem niemand
vorbeikommt.

Den gemeinsamen Ankerpunkt und zugleich die entscheidenden Faktoren der Entwicklung bilden die Dichte der Qualität, den Reichtum, die Feinheit, Kunst und Stärke des inneren
Gewebes, durch das wir den Horizont mit lebendigem Verstehen füllen; mit dem Verstehen des Lebens: das Eigene des Anderen, im Anderen – das Andere im Eigenen, des Eigenen.

Diese Arbeit ist Ausdruck und Kreativität, sie wirkt durch
Interaktion, Geschichte, kleinste Entscheidungen. Das Leben als
Durchgang betont, in der Perspektive der Verantwortung, den
roten Faden von Zusammenhang und Zusammenhalt, von bin-
dender Kohärenz, gewährender Sorge und ermöglichender

Konsistenz im Prozess der Integrität. Wir haben die Freiheit des Ausdrucks, die Geschichten dazu als Abhandlung zu verfassen; enzyklopädisch oder episch-dramatisch nuanciert.

4.2 Zugang

Je größer und vernetzter die Welt, desto wichtiger ist es, sich der eigenen Position zu vergewissern. Durch Arbeit an den realen Durchleitungen, in denen ich mich und die Welt erlebe, erfahre ich, was es heißt, meine Position zu ermitteln, durch die ich mir selbst zu eigen werde. Die Mitte ist dort, wo ich bei mir selbst bin. So gibt es im Erleben eine Unzahl von Mitten. Sie erfüllen die Funktion, mich nicht ablenken zu lassen. Sie ziehen meine Aufmerksamkeit auf den Standard, dessen Weg der meine werden soll. Diese Standarten markieren also nur den Durchgangspunkt. Ich darf sie nicht mit der Mitte verwechseln, die ich ansteuere, wenn ich dem Kompass des Herzens folge: Mein lernendes Gewissen richtet mich auf den handelnden Vollzug des Weges aus – wie die Nadel des Schiffskompasses.

Den Leitstern kann ich zwar sehen – immer von einer anderen Warte, da mein Weg mäandert und schlingert. Es kommt aber nicht darauf an, ihn je zu erreichen. Darin liegt die Bedeutung des Sprichworts »der Weg ist das Ziel«. Er leitet mich doch zuverlässig voran, durch weitere Ziele und Zwecke, Standards, die ich ermittele, nur um hernach gleich wieder den nächsten an- und auszumitteln.

Diese Arbeit des Durchgangs ist mein ureigener Beitrag zum Weg. Ich entscheide, wohin und wie ich abbiege. Ich setze den Schritt und verlagere meine Haltung. Aus dieser Mitte entspringt so der Wert, den ich hervorbringe, als Mensch in der Welt. Durch ihn schaffe ich Nahrung aus Brot vom Korn; durch ihn errichte ich Heimat aus Bruchstücken von Welt; durch ihn gewinne ich Wissen aus der Verknüpfung von Lesen und Traum; durch ihn bilde ich Menschlichkeit aus Geben und Nehmen vom Sein.

Das alles ist wahr. Aber wie wird das Wahre wirklich? Indem ich in allem seinen Anspruch verwirklichen will. Das beginnt mit dem Wahrnehmen.

Eine Währung drückt aus, wie etwas als Wert wahrgenommen werden soll. Die Währung des Überganges ist kein materielles Wertsymbol, sondern die Freude am Gelingen der Arbeit im Kleinsten, durch Lernen, durch Verantwortung, durch die Balance im Entscheiden: Freude nicht als Lust, sondern als Originalität des eigenen Selbst-Erlebens, denn es gibt auch die Freude am ›schönen Götterfunken‹, die brennt und schmerzt. Sie ist mit-teilbar. Auch das Gelingen trägt hierbei eine besondere Qualität: Es meint nicht die Erfüllung, sondern das Bewusstsein, die Voraussetzungen mit dem Vollziehen dieser Arbeit zu schaffen: Die ›strotzende Fülle‹ im Wissen des Säenden. Die Frucht ruht an ihrem Ort, wird wachsen und kann gedeihen; der Orgasmus des Zeugens, als Empfinden dieses Beitrags als Antrieb, der das Rad der Welt drehen lässt. Ob wuchtig manifest oder ins Feinste verdünnt, die Freude der Mitte bestätigt: Ich bin auf der Spur, da ich gehe.

Der antike »Klassiker des Wandels« (Yijing) aus China sieht Übergänge als Ausdruck der Struktur der Regeln unseres Lebens; zugleich eingebettet in die verstehbare und unverständliche Welt und unseres Charakters als Gestaltende darin. Das erlaubt es uns, bestimmte Muster nicht nur je für sich zu sehen, sondern auch in ihrer Relation und Proportionalität. Die Raupe wandelt sich zum Schmetterling: Das ist ein symbolisches Muster der Kultivierung; damit hört es aber nicht auf – weder zeitlich noch im Raum noch in Gesellschaft. Der Schmetterling wird sterben, er wird interagieren, er wird die Welt erfahren und sich darin erleben. Er wird Dinge bewirken, erleiden, er wird etwas bedeuten, für sich, für andere, im Moment und über die Zeit. All dies ist ebenso Wandel, eine konkrete Gestaltung der Übergänge. Auch wenn wir dieses lebendige Ganze nach Merkmalen verstehen, sortieren und beschreiben können: Es kommt darauf an, schon in der Art des Verstehens dieses Ganze mit zu meinen, die Differenz des Gemeinten zum Gedachten in Begriffe und Sprache hineinzuholen; damit wir besser verstehen, was unser Handeln bedeutet, was es konkret verlangt, um ein Gutes zu werden. Betrachte ich die Raupe, blicke ich auf den Schmetterling; sehe ich den Schmetterling, finde ich mich.

Der Durchgang ist zugleich ein Übergang zwischen Sammlung und Zerstreuung. Wie die Zerstreuung auf eine Übertreibung der zugewandten Weltoffenheit ausgeht, die den Weg außer Acht lässt und verliert, so kann das Sammeln das Aufnehmen übertreiben, indem es von dessen Zweck ablenkt zu kräftigen. Beides zeigt sich in Art und Inhalt des Konsumierens; sowohl als ungesundes Aneignen zerstörender Substanzen oder Gedanken als auch als perverses Raffen von Zerstreuung zur vermeintlichen Unterhaltung oder pornographisches Verstreuen des Inneren. Es verkleistert und zerreißt unsere Kultur durch frivole Zurschaustellung von Nichtigkeit oder als fressende Gier, geiles Aneignen, unstillbaren Hunger, vergewaltigendes Einverleiben. Die vergiftende oder zerstörende Gewalt solch einer pathogenen Fehlhaltung wird sinnfällig im Rauchen. Im Ursprung ein Beitrag gesunder Gemeinschaft, in Ritualen am Platz, hat sich der giftige Nebel über die Maßen verdichtet und ausgebreitet, sich auf unsere feinsten Gefäße gelegt, den Geist verklebt, uns der Orientierung beraubt wie Parasiten im Echolot des Wales. Die abwegige Sucht hat unsere Wirtschaft durchdrungen, als könne irgendein Wert daraus strömen, Gift zu verbrennen und einzuatmen. Konsum darf eben nicht die Gestalt wirklichen Verbrauchens im Sinne von Vernichten annehmen; er muss immer als Umverteilung verstanden und organisiert sein. Denn Vernichten bedeutet, die Wertschöpfung umzukehren, die Grundlage des Weges zu zerstören. Was der Mensch sich erarbeitet hat, uns gemäß und bekömmlich, wird aus der sozialen Welt geschnitten, uns fremd, vergessen und schädlich. So ist die Verbindung von Konsum und Entfremdung.

Kümmern wir uns noch einmal um die Mitte. Als Position zur Welt ist die Mitte der Ort meiner Haltung: mich im und durch den eigenen Horizont über diesen hinaus zu denken, meinen Standpunkt einzunehmen und den aktuellen Status einzubetten. Was geht, was geht nicht?

An den Übergängen verbinden sich Räume. Sie werden zu Kontaktzonen unterschiedlicher Aggregate des Arbeitens an meiner Integrität. Ausgreifen und Sammeln gewinnen Rhythmus und Struktur, strecken und konzentrieren sich auf dem Weg über die Zeit. Der Integritätsprozess besteht darin, diese Aggregate angemessen zu integrieren. Blockaden zwischen dem, was einander unterstützen soll, werden gelöst, Widerstände verständlich, Leitbahnen stabilisiert. Nichts ist unabhängig, denn alles hängt mit dem Anderen zusammen, durch Abgrenzung oder Zusammenwirken, ob im Hier oder über die Zeit. Unabhängigkeit heißt nur: richtig weiter gehen, ungehindert gemessen fließen, gestaltend laufen lassen – gebundene Freiheit.

4.3 Sammlung

Was ist Eis, was Wasser, was Dampf? Alles dasselbe, gebunden an wandelnde Umstände, die Substanz wandelt sich entsprechend um, wie es der Anordnung entspricht. Die Namen vermitteln nicht die sachgemäße Unterscheidung. Denn der Unterschied liegt nicht in der Sache, sondern in der fließenden Aufstellung. Achten wir nur auf die aktuelle Form, bleiben die Übergänge verborgen; das Noch-Nicht weckt nicht unser Interesse. So gerät die Entwicklungsperspektive aus dem Blick. Wie wird aus Eis Wasserdampf? Auch H_2O ist eine geistlose Abstraktion des Lebendigen.

Wenden wir dies wieder auf uns selbst an. Unser Leib ist, als innerer Kern, das fragile Gebilde der Haut oder Anklang des großen Atmens unseres Geistes in der Welt; immer bin das ich, bleibe ich, durch und mit allen Einmischungen von Du und Wir und Uns und Euch; dies Leben eignet genau mir. Nichts grenze ich aus, aber lernen muss ich die Kunst, durch die Übergänge zu atmen, das Viele der Schichten und anderen Mitten durch Kohäsion zu integrieren. So richte ich mich aus. So finde ich meinen Weg.

Also wird die ›Mitte‹ zum Imperativ: suche und ermittle die Verbindung der poly-zentrischen Marken deiner Handlungsrichtung, spinne in diesem Sinne weiter: den roten Faden deines Weges! »Schart euch zur Trommel, zur Fahne!« Diese provisorische aber alles verlangende ›Mitte‹ 中 gibt uns eine Bildsprache, eine fremde und ansprechende Metapher, die alternativ zu ›Tellerrand‹-Perspektiven der Verbindung, zur Integration, zur Integrität des ganzen Zusammenhangs aufschließt. Der Tellerrand grenzt ein und aus, diese Mitte verknüpft, atmet und wächst. Er stärkt unseren Innenraum bis wir in Erstarrung zerbröseln; sie öffnet, leitet und sammelt uns: für das Abenteuer des Lebens.

Diese Ansicht ist uns heutigen Westeuropäern gar nicht zu fremd, eher zu alt. Erinnern wir uns einmal: Josephs Traum von der Garbe als Zentrum, der Welt für sich und der Anbetung aller, bleibt schillernd im Übergang: im halbwegs erwachten Staunen der neuen monotheistischen Erzählung; in der starren Distanz des Anbietens und Gewährens; in der Verknüpfung polylateraler Beziehungsarbeit (an der er freilich scheitert); in der Haltung des Dienstes an der dynamischer Relation, in der Bewegung sie zu unterhalten und bis hin zum *Ruf*: aufzuwachen mit sonnenblanken Augen. Die Bedeutung der Position, die Verknüpfung der Relation zu(r) Peripherie(n) verlangt fortlaufendes Ausgreifen, momentanes Neubewerten. Der Durchgang bleibt frei, damit diese Vielfalt der Beziehungen, Drehungen, Überleitungen und Rückbezüge orchestriert und in Einklang gebracht werden kann. Das nennen wir heute Management der Diversität.

Joseph, der Jakobs-Sohn wie ihn Thomas Mann uns vor Augen stellt, verkörpert selbst den Übergang: zwischen den Welten Asiens und des Westens – damals Ägypten; zwischen den Zeitaltern der Menschheitskultur, Götterfurcht und Himmelsvernunft; zwischen den politischen Ökonomien raumgreifender Nutzung und spendender Vorsorge. Dieser Joseph vertritt die Ironie des unverzichtbaren, aber vorübergehenden Maßnehmens der Mitte.

Wie aber kommen wir überhaupt dahin, wo wir uns solchermaßen vorfinden? Der Beginn ist ohne Worte, so wie auch das Ende dieser Passage des Menschseins. Ein jeder hat es erlebt und wird es erleben, wir tragen das in unserer Erfahrung mit, als Schatten, Spuren, bildhaft: der Beginn. Leben formt sich, verdichtet sich in eine Kristallisation, verkörpert sich, hinein, durch das Organische, in die Welt. Geist wird Fleisch, Gewebe, Fluss, Geflecht. Genau die Gestalt, für alles, was wir brauchen, um in dieser Welt zu sein, um Mensch zu sein: geronnenes Licht, Menschlichkeit. Das Neugeborene ist eine pulsierende Knospe konzentrierten Geistes. Eng eingewickelt in seinen schwarzroten Fruchtkörper, umwunden, verbunden, atemlos schwebend in Passform gehalten; sich durch die Vibrationen, Stimmen, Untertöne, durch Säfte, Wiegen und Stöße hindurch zu weben, in die Entwicklung der Gestalt, aus der sie sich, dereinst erst, wird orientieren können; in dieser Ausdrucksform des Seins. Ein Nukleus verdichteter Potenz; verletzlich, zu allem bereit.

Was braucht dieser Mensch? Wer ist dieser Mensch? Das ist einfach: Ich! Wir sprechen von Liebe und Fürsorge. Nun ja, was man so sagt. Es geht um die Liebe, die der Macht und Unmöglichkeit dieser Urzeugung angemessen ist. Lieben und fürsorglich sein will achtsame Zuwendung in der Weise des Aufnehmens: »Ich nehme dich an«. Das kann man nicht so einfach aus dem vulgären Betrieb unseres Alltags herausnehmen. Wir haben uns davon abgenabelt, bis hin zur Selbstvergessenheit entfernt, erkennen uns darin nicht mehr wieder. Schaffen wir es, das Heilige ins Profane hinein zu verwandeln, die Wucht dieser hilflosen Urgewalt, dieser brutal wahren Schönheit subtil zu erwecken, dass sie zu uns spreche? Fein zerreiben, dosieren wollen wir sie dafür. Zur Unkenntlichkeit zerstäuben, dass Wolken ihrer Nanofünkchen alles umspielen, durchdringen, sich überall niederlassen, um durch die Maske des Intellekts unserem Stamm, unserem Blut frische Wurzeln zu geben.

Nein, keine neue Religion, nicht schon wieder eine! Heute haben wir damit zu tun, der Biomedizin einen Horizont zu geben. Worauf kann sie sich einlassen, verlassen, wenn sie nicht weiterweiß?

Gewissenhaftes Handeln ist ein Drahtseilakt über dem furchtbarsten aller Abgründe. Wenn wir uns so wahrhaftig den Boden bereitet haben, können wir uns der Arbeit von Hand und Kopf zuwenden. Beim Durchgang durch unser Leben hängt alles vom guten Anfang ab.

Wenn mit dem Eintreten in die Welt der Ablauf des Handreichens beginnt, ist es die Aufgabe dieser Hände, behutsam
willkommen zu heißen. Räume und Orientierung zu bereiten.
Die Knospe, sacht, hegend und pflegend, erblühen zu lassen.
Spendend und gewährend, staunend und ihre Führung anneh-
mend. Durch sie werden wir des Weges gewahr, den sie
braucht.

Dies ist in keinem Fall unser Weg, auch wenn wir ihn eine
gute Weile zusammen gehen wollen. Erst durch die eigene Distanz gewinnen wir die richtige Nähe: zu spenden, zu gewähren,
zu bereiten und bedachtsam zu leiten. Von uns verlangt das ein
hohes Maß an Reife. Das Gewebe zu weben, durch das wir zu
weben haben.

4.4 Zutrauen

Was trauen wir ihm zu, im Anfang? Erinnern wir uns. Da war
ich, mein Puls warm, konzentrierte Energie. Und dann: verän-
dern, anpassen, wachsen. Heller, klarer, lauter, deutlicher um
mich, für mich. Mehr Masse, Leicht und Schwer umspielen sich.
Ich lasse mich zu, lasse mich ein, begegne Anderem und verwebe mich, werde verwoben. Auch das spielt sich ein. Es gibt
Brüche und Schrecken und Wunden. Ich lerne, Anpassen, Heilen, Vorsorge, Klugheit. Schon richte ich mich auf, hebe den
Kopf, erhebe mich vom Grund. Durch diese Distanz gewinne
ich Freiraum, zu fallen, zu gehen – aber wohin. So geht es weiter,
bis ich mich wieder zurückziehe, umwandle und aufgehe in allem.

Immer wieder das gleiche Motiv: Was treibt mich da an,
wodurch bin ich motiviert, mich auf den Weg des Durchgangs
einzulassen, mich zu bewegen? Der Übergang entsteht ja erst indem ich von einer Richtung weiß und mich im Gehen befinde.

Woher aber weiß ich das schon? Nicht woher! Dieses Wissen des Was ist von der besonderen Art des Grundlegenden. Dieses Gehen ist das Wie. Dieses Wissen bin ich. Die Art, wie ich bestimmt bin, dass es sich durch mich in Schritte aufgliedert, durch die ich mich nie voll, immer nur andeutend zum Ausdruck bringen, verstehen kann. Aber zugleich bin und bleibe ich im Weg. Diese Spannung hält mich im aufrechten Gang, solange es geht. Ich entwerfe den Ausdruck dessen, dass ich zuverlässig bin. Im Sagen verfehle ich das Gemeinte, im Gehen weiß ich von nichts. Im Sein klingen beide Motive zusammen, bilden den Grundton des Verstehens, das Thema, dessen Struktur und Werte sich rhapsodisch in immer komplexere Harmonik weiter entwickeln können, wenn ich mich dieser Andeutung anvertraue. Die Entscheidung ist jeweils der Akt, in dem ich die Scheidung provisorisch überwinde, aus dem vielfach, beliebig Möglichen einfach in die Richtung gehe, die mein Weg wird. Die Trennung kann ich eigentlich nicht überwinden. Das wäre aber auch verfehlt, denn sie ist zwar durch mich und mit mir gegeben, aber nicht maßgeblich. Das Maß ist immer eines. Erst die spezifisch menschliche Ansicht gibt die Vielfalt. Wir können sie nicht wirklich, aber praktisch für einen unmerkbaren Moment aussetzen: das ist der Akt der Entscheidung.

Die Qualität bestimmt den Rhythmus, die Geschwindigkeit, das Maß und die Richtung. Aus ihr färbe ich den Charakter meiner Gestalt, meiner Um- und Ausgestaltung. Wieder sind es die Übergänge, an denen sich die Qualitäten zeigen und bewähren. Was treibt mich an? Aus den Antworten, die in meinen mikroskopischen Entscheidungen liegen, bilde ich über die Zeit die Hierarchie der Merkmale, die ich für mich wichtig finde. Ich lerne zu denken: So ein Mensch bin ich, will ich sein! Dies macht es möglich, durch Versuch und Irrtum zu lernen und mich selbst zu formen.

Zum Beispiel: Ist es Ehrgeiz, der mich antreibt? Dann gestalte ich mich nach einem wirkmächtigen – aber verkrüppeln-
den – Leitbild. Geiz ist wahrhaft geil, nämlich aus jeder Proportion überschießende substanzlose Gier; die hat keinen Plan für
den Moment der Erfüllung. Alle Kraft ist zum Erreichen eines
erreichbaren Zwecks gebündelt mobilisiert; nichts war es mit
der Vorsorge. Was bleibt, ist Erschöpfung, Verschwendung,
rücksichtsloses Siegen und der Hunger nach mehr. Der Ehrgeiz
als Anspruch an mich ist ein Irrlicht, im Kern pathogen. Er verkörpert das atemlos verkürzte, getriebene Wirken-Müssen und
macht, dass ich mein Leben nur spüre, indem ich krank bin, da
ich mein Maß außerhalb meiner selbst zu finden meine. Sein
Sinnbild ist der Gehenkte, von dem man sagt, im Krampf des
Erstickens erlebe er noch einen physischen Orgasmus; die Ver-
schleuderung seines Lebenskeims. Dagegen ist Ehrwürde eine
Kompetenz, die in die Eigenschaft mündet, die wir entsprechend demjenigen zuschreiben, der gelassen und geduldig Maß
und Ziel versteht und zu leben weiß. So wird der Mensch selbst
zum Orientierungspunkt, zu einem Beispiel gelingenden Lebens. Ehrfurcht bezeichnet dann die Haltung, falsche Propheten
zu meiden und gewissenhaft nach dem richtigen Maß zu streben. Wir haben es also in der Hand, auf angemessene Weise zu
lernen.

Was heißt das für unser demokratisches Gemeinwesen?
Wie organisieren wir das Lernen, nach dem richtigen Maß zu
streben? Wir müssen den paradoxen Grundsatz der integrierten
Kohäsion verstehen – durch Begrenzung ermöglichen, durch
Bindung auflösen. Dabei wird ›durch‹ erst im progressiven weiten Wortsinne verständlich, nicht als ›mittels‹. Die zweite, institutionelle Stufe dieser Paradoxie ist die Abkehr von der Herrschaft der Klassenlogik. In Klassen, Typen, Positionen oder
Kompetenzzentren zu denken ist hilfreich, aber nur solange dies

dient. Orientierend, sammelnd und öffnend; nicht einsaugend, haltend, verwehrend: die Organisation des Lernens besteht darin, die kreativen Energien zu wecken, ihnen einen geschützten Raum zu geben, sich bearbeiten, zu sortieren, zu formen; bis diese Stufe zu eng gewordenen ist, indem sie zur sinnlos erstickenden, repetitiven Form wird und leer läuft.

Auch ist die Form des Paradoxes als Scheinwiderspruch zu begreifen, als Hinweis auf eine perspektivengebundene Sackgasse, die selbst durch Umwandlung in Bewegung überformt werden will: Die Natur der Sache weist über sich hinaus, indem sie sich verwirklicht. Der Ausgang aus dem Ist-Zustand wird ermittelt, verwandelt sich in den Übergang zur nächstfolgenden Bildungsebene.

Mit einem Blick auf das, dem Namen nach, integrierte und durchlässige Schulsystem gilt zum Beispiel: Um Übergänge überhaupt als durchleitend möglich zu machen, müssen charakteristische Werte und positive Eigenschaften des jeweiligen Binnenraumes gestärkt und die Ressourcen der jeweiligen Strata gehoben werden. Das Gegebene ist zu würdigen, das heißt, es muss zu seinem Recht kommen können. Die organisationalen Rahmenbedingungen haben die Aufgabe, dies aktiv zu ermöglichen. Die postulierte Durchlässigkeit im Schulsystem wird jedoch dadurch im Ansatz unmöglich gemacht, dass die charakteristisch-konstitutiven Binnenmerkmale der Mikro-Anarchie aufgehoben und einer großen autokratischen Multifacette untergeordnet werden. Die schwächlichen Ansätze einer humanen Binnendifferenzierung und expressiven Offenheit werden sowohl durch Autoritätsverneinung entgrenzt als auch über einen Leisten geschlagen, der (auch durch die Verschulung der Universitäten) dem konsum- und kommerzorientierten Ausbildungsauftrag eines geistlosen, blutleeren Materialismus zur Macht verhilft; etwa indem auch noch dem Gymnasium die wis-

senschaftliche, der Realschule die technische und der Haupt-
schule die wertpraktische Ausrichtung genommen wird. Aber,
nicht einmal diese ärgerlichen Minimalstrukturen dürfen bleiben, um uns als Stachel im Fleisch an die eigentliche Richtung
und Struktur der Bildung zu erinnern.

Es fehlt dann an integrativen Rollenbildern und Funktion-
sindikatoren, die ein positives Selbstbild, eine innere Qualität
unterstützen, auf deren Grundlage die Kraft und der Optimis-
mus für den Übergang entstehen kann, den wir verinnerlichen
wollen, um ihn zunehmend souverän selbst zu vollziehen.

Das jeweilige Leitbild muss einerseits fordern, ja überfor-
dern. Andererseits kann es nur wirken, indem es Mensch wird,
sinnlich das Klassische verkörpert, auf das unser Lernen je aus
ist: das Unreif-Bedürftige auf den Geschmack bringen, es anfül-
len mit Vertrauen, Respekt und dem Wunsch, durch Arbeit in
das rechte Maß hineinzuwachsen. Wir machen das Gegenteil,
indem wir den Schülern ›Kinderbibeln‹ – Jugendversionen von
Klassikern und dergleichen – vorsetzen und damit den Maßstab
zur Unkenntlichkeit verkümmern; indem wir ihnen statt eigener
Reife ›Partnerschaft‹ anbieten. Dabei liegt das Problem weniger
in der Peinlichkeit der Selektionskriterien und Anbiederei, die
in der Regel kleingeistige oder moralische Halbbildung verraten
– was die Klügeren der Unterversorgten ohnehin aus eigener
Größe bemerken. Es liegt im übergriffigen Verstopfen und Fehl-
leiten der Übergänge, im Zwang zu egozentrischer Redundanz
und dem Verlust an Proportionen und Relationsbegriffen im
Weltbezug. Die Pädagogen hingegen lernen durch ihre Ausbildung und die Zwänge der Kasernenhoforganisation des Schul-
alltags nur Zuwachs an selbstverschuldeter Unmündigkeit und
können so nur noch in Ausnahmefällen das Wenige an Zutrauen, Autorität und Lebensweisheit gewinnen, das genügen
würde, den Funken der Bildung zu entfachen und weiterzuge-
ben.

4.5 Mobilisieren

Dies ist, wenn es denn überhaupt eine planvolle Haltung und Verstandesleistung widerspiegelt, Ausdruck eines klammernden Kontrollzwanges. Hier setzt die gesunde Anmaßung der Kindheit, das spielerische Anmessen und Ausprobieren des Menschheitsanzugs aus, ist ausgeartet in verdrehte Unterwerfung und kokette Lust am Korsett, kindische Geilheit an glatt glänzender Oberfläche. Man möchte wohl Mitleid aufbringen für diese abgründige Verzweiflung an der Unbehaustheit einer Menschheit ohne Himmelszelt, würde sie nicht uns selbst mit solcher Macht anhaften, dass es wohl einiger Deutlichkeit bedarf, sich davon zu erlösen.

Ein weiteres Beispiel, mit Wurzeln in der Zivilisation des 19. Jahrhunderts, ist die Verwaltung. Man hatte die institutionelle Ordnung gesellschaftlicher Aufgaben nach ›Gottes Tod‹ mit preußischer Anbahnung dem rationalen Effizienzkalkül industrieller Produktion und militärischer Allmacht übertragen. Umgehend erstickte die halbstarke Kreatur Mensch in der Morgendämmerung ihrer Aufklärung. Nämlich in den Verstrickungen ihrer entfesselten, stahlbesoffenen Hybris: Präzision, Diktat, Grenzen, Massen, Wachstum und künstliche Energie münzten den Menschen unter maschinellem Dampf um, pressten ihn in eine Menagerie für Zinnsoldaten. Mit Maß und Haltung hätte dabei wohl tatsächlich Nutzen herauskommen können, kluges Management. Da aber nun an die Stelle des wurzelgegründeten Wachsens die äußere Prägung getreten war, konnte das Gewächshaus nur zum Tresor werden. Aus kraftvollen Trieben wurden getriebene Kräfte der Selbstzerstörung, das Behaviorale erstickte das Fundamentale. Ein kaltes Industriefeuer schmiedet uns immer enger, starrer, gleichförmiger, hohler. Das hält an bis heute. Ich ertrinke in der Masse.

Unter den Händen von Kompressionskolben, die uns Marionetten steuern, entstanden grob binäre Strickmuster, zwei
rechts, zwei links, zur Uniformierung einer Expansion, die Menschen verheizt. Die passende Bildsprache der Setzkastenpyramide wurde ersonnen und gefrorenes Surrogat von Leitbahnen
als Infrastruktur über die Sache der Menschen gelegt, bis wir sie
verinnerlichen, um alles von allem abzugrenzen und einzuhegen; unter einen Atem zu zwingen und einzusperren – zusammengehalten allein durch die monarchische Autorität eines entgrenzten Kolonialgeistes. Warum lassen wir das zu?

Aus dem nackten Kaiser wurde die Anbetung der Kulturlosigkeit. Vor allem geriet dabei natürlich die Haltung, aus dem
Blick: Aus den dienenden Mitteln wurde der Inbegriff selbstgerechter Bürokratie. Aus dem nährenden Ausgreifen verbogen
wir uns zu verschlingendem Raffen, aus dem ermöglichenden
Ordnen verdrehten wir uns zu stumpfem Befehlen, aus dem befreienden Einteilen verstiegen wir uns zu sperren und zu horten;
ein Regiment zur Gleichschaltung von Lebensvielfalt war am
Platz. Neu war das nicht, aber neu dimensioniert und rational
verdichtet.

Was aber passiert nun genau? Sehen wir nach: Verwaltungsabteilungen folgen nicht der arbeitsteilig gemeinten Differenzierung und Stärkung der Kompetenzen, durch Überlappung und organisatorisch veranlasstes aktives Zusammenarbeiten. Stattdessen vermeiden sie die Reibung, den Austausch und
die Gelegenheit, ihr Tun gemeinsam auf den Zweck ihres Daseins auszurichten. Anstatt aus Fehlern zu lernen und geräuschlos zu dienen, stoßen sie inflationär »Wir bitten um Verständnis
für Unannehmlichkeiten« aus; als sei es die Aufgabe des Bürgeramts, angenehm zu sein und nicht annehmbare Dienste zu leisten. Es erwächst ein Dickicht aus ›Zuständigkeiten‹, deren Aufgabe darin besteht, jeden Begriff von Zuständigkeit unkenntlich

zu machen: Ich beantrage zum Schutz der Kinder einen PKW-Park-Einschränkungsraum vor der Grundschule und meine bürgerliche Existenz wird im kafkaesken Hütchenspiel zwischen Polizei, Ordnungs-, Grünflächen- und Bauamt aufgerieben. Das sind Zustände. ›Ämter‹ geraten aus der Phase, drehen sich um sich selbst, bilden nicht das ruhende Auge des Sturmes gesellschaftlichen Lebens, sondern einen wahnwitzig selbstbezogenen Mikrokosmos, dessen strudelnd ausgreifende Gegenvernunft alles aufsaugt und nach dem eigenen Unbild umformt; eine Logik, die zur Vernichtung von Zuständigkeit und Verantwortung führt.

Im Kern dieser Mechanik steckt eine Politik der verbrannten Brücken. Durchgänge und Verknüpfungen werden bekämpft, Schnittstellen durch innere Doppelstrukturen ersetzt. Die Übergänge stärken nicht den inneren Zusammenhang der gemeinsamen, übergeordneten Zweckbindung. Sie werden auseinandergerissen, vermauert und verzerrt, sodass sie behindern, ver- und zerstören. Was sie zerstören? Bürgerliche Grundbegriffe von Oben und Unten, Vor- und Nachrang, Angemessenheit, Transparenz, Kooperation und Entwicklung. Vor allem aber wird in den Fällen Polizei und Steuerbehörde allzu deutlich, dass sie den Kitt der Gesellschaft verspielen, der die Werte bindet, unsere Vielfalt zusammenhält und einen gesunden Verfassungspatriotismus ernähren könnte: Vertrauen in uns selbst als Mitbürger eines demokratischen, gerechten, lebensstarken Gemeinwesens. Dagegen steht der Trend, Muster des angemessenen Verhaltens und soziale Standards aus der gemeinschaftlichen Bindung herauszuschieben und an Institutionen, Verfahren und anonyme Zuständigkeiten zu delegieren – also ins Juristische abzuwälzen –, den Geist des Rechts in dessen Buchstaben zu verwandeln. Diese Abkürzung wirkt wie das industrialisierte Schnellbacken. Der Eigenwillen der Natur und die Zeit für das Gehen des Teiges werden manipuliert, durch technische Fremdstoffe katalysiert. Das führt zu Stoffwechselstörungen im politischen Organismus der Demokratie. Wenn zeitgleich die Bindung des Rechts an das Verständnis und Wollen des Volkes durch materielle Kürzungen und Vernachlässigung der politischen Bildung ausgedünnt werden, dann entsteht eine weitere Kluft des Nichtverstehens, der Ignoranz und des Misstrauens zwischen Bürger und Staat.

Noch tiefer und folgenreicher ist der Schaden allerdings dort, wo die Werte unseres Lebens wurzeln, nämlich in der Bildung und Gesundheit. Die Fehlentwicklungen im Justiz-, Bildungs- und sozialen Sicherungssystem verdienen ein je eigenes Buch, um angemessen dargestellt zu werden.

Erinnern wir uns noch einmal: Das Richtige ist elegant und einfach. Es folgt den inneren Zusammenhängen und erschließt sich von selbst, wenn der Grundton getroffen ist. Der Übergang selbst wird angelegt und unternommen, wie es sich mit dem vorhandenen Wissen und in der angemessenen Haltung von selbst versteht. Fehler und Scheitern motivieren uns zu genauerer Beachtung und präziserem Lernen. Die Konturen des Übergangs sind scharf, aber plastisch. Sie wachsen und dienen. Die Arbeit wird in alle Richtungen mobilisiert. Alles ergibt Sinn. Auf der Grundlage eines allgemeinen Kultivierungsprozesses. Den haben wir sehr robust in Form eines aufgeklärten Humanismus verfasst. Wir verstehen die dialektisch-prozedurale Auflösung des Todes zum Leben. Wir verstehen den Wandel von Befehl und Erstarrung zu Reife und Verantwortung. Wir verstehen das Ende des Falschen als Beginn des möglichen Besseren. Wir unterstellen bei allem Maßgeblichen, dass kein Krieg herrscht.

Der organisatorischen Fehlbildung der Infrastruktur unseres gesellschaftlichen Lebens entspricht eine emotionale, psychische Behinderung. Sie ist eine Nachwirkung der traumatischen

Erfahrungen des Kriegszustandes, der die Menschheit prägt, manifest und latent verflochten, als Teil zivilisatorischer Evolution. Diese Erfahrung ist von größtem Wert, wenn sie das Wissen bildet, durch das dieser Zustand das Gegenbild dessen verkörpert, was uns leiten kann – besonders in einer Welt, die uns auf vielfältigste und verwirrendste Weise weiter die Aggregatszustände des Krieges vor Augen führt. Ohne diesen Bildungszweck wirkt sie dagegen wie ein schleichendes Gift.

4.6 Sapere Aude!

Die stärksten Hemmnisse des guten Überganges sind: Furcht vor Veränderung (das ist nichts Neues) und Fehlbindungen. Zum Beispiel wenn wir Autorität oder Erfolg falsch definieren und honorieren, nämlich durch Gier, Neid, das Hamstern toter Dinge oder leerer Symbole an der Stelle von Freude. Diese Furcht zeigt sich in Impulsen der Abwehr, Aggression, Verleugnung; im Verzagen, kindischem – nicht aber: kindlichem – Beharren, Festhalten falscher Proportionen und Relationen. Diesen Krampfreflexen zu begegnen ist die besondere Arbeit der Erziehung; sowohl im Kleinen der individuell-familiären Bindungsbildung als auch im Großen der gesellschaftlichen Regulation. Erziehung ergänzt das absichtsvoll vernunftgeleitete Selbstgestalten der kultivierenden Bildung durch das Maß an Zwang und Gewalt, das der Korrektur dieser Reflexe dient. Sie hilft unmittelbar, Krampf und Verhärtung in den Rhythmus wachsenden Fließens zu verwandeln. Was sie der Schlappheit, Verzagtheit, Leere, Bodenlosigkeit vermittelt, ist: Struktur, Wucht und Stärke, auf dass der Übergang gelinge. Und sie, die Erziehung, ergänzt den organisationalen Rahmen staatlicher und sozialer Institutionen durch innere Anschauung, empathisches Gewahrwerden, Anklingen des Sinnes, nach dem ich mich zu richten habe. So gelingt die Verknüpfung des Überganges zwischen den inneren und äußeren Prägeformen, die zur Menschwerdung beitragen. Mein Wille fügt sich in die soziale Welt.

Die Furcht liegt dann nahe, wenn sie mit dem Erleben verbunden ist zu scheitern. Wenn sie regelhafte Frustration in Erfahrung übersetzt, ohne zugleich Korrektive aus zeitoffenen Begriffen des Lernens zu gewinnen. Erziehung und Bildung gelingen dann, wenn sie so verfahren, dass sie Lernen mit dem Erleben von Freude verknüpfen.

Wovor und wie wir uns fürchten, verrät uns, wie frei, souverän und würdig wir unser Leben gestalten. Falsche Begriffe der Formen, in denen Furcht sich ausdrückt, behindern die Wahrnehmung und das Verstehen der inneren und äußeren Verhältnisse, die in diesem Übergang ihrer Art gemäß verstanden werden wollen. Sie veranlassen, dass ich von falschen Voraussetzungen und irrigen Zielen ausgehe. Dies zu honorieren, verfestigt nicht nur die Irre und führt zur Verhärtung der Wurzeln meines Lebens. Es etabliert auch einen perversen Wertbegriff, der mich veranlasst, das Kranke und Falsche zu schätzen, mich daran auszurichten und das Gesunde nicht nur falsch zu verstehen, sondern als verdächtig, furchterregend zu diffamieren.

Wer diese Manipulation beherrscht, verfügt über ein mächtiges Instrument der Entmündigung und Entwertung. Er arbeitet direkt der Integrität entgegen, indem er sie durch einen vielfach deprivierten Begriff von Identität ersetzt: Selbstentwürfe werden durch fremde Erfahrung, Deutung und Arbeit überstimmt, verzerrt oder ganz durch ein Nicht-Ich gesetzt.

Ich kann mich nur dadurch selbst bestimmen, dass ich Begriff und Erleben meiner Orientierung auf dem Weg selbst erfahre und an dem ausrichte, was ich sein oder werden will. Extern geprägte Grundsätze zur Kennzeichnung meines Willensprofils bringen mich davon ab, zu werden, wer ich bin – seien sie als Namen von Maximen ohne Begriff und Anschauung und inneren Bezug zu mir gefasst; ob mal bequem mal hilflos daheroder nachgeplappert und übernommen oder prätentiösem Wunschdenken geschuldet. Diese kleinen Akte der Selbstentfremdung zerreißen mich: Ich zerfalle in den verkümmernden Kern des Versprechens meines Wertes sowie in meine mehr oder weniger konventionell personifizierte Hülle, die durch Konsum ihren Hunger nach Lebenswert zu stillen trachtet.

Mein Anspruch auf Würde verlangt von mir, den Kredit meiner Menschheit einzulösen und meine Selbstbestimmung durch die minutiösen Schritte autonom zu gestalten. So kann ich dies ebenso jedem anderen gewähren oder abverlangen. Hier kann das beginnen, indem ich die innere Beziehung zwischen Wort und Namen bestreite. Ich verstehe mich und andere dann durch Namen, wenn sie mir zu eigen geworden sind. Bloße Worte können provisorisch etwas bezeichnen, das ich nicht mehr, noch nicht oder überhaupt nie bin. Dazu gehören besonders die klassifizierenden Standardisierungsbegriffe, da sie eine übergreifende Autorität beanspruchen. Sie greifen aus dem Wort durch den Namen in das Sein über, im magischen Einhauchen einer Lebensidentität, deren Verhältnis zu mir völlig unvermittelt ist.

Ich bin kein Klumpen Lehm, der durch solchen Hauch zu mir belebt wird. Diese schönen alten guten Wortbilder erreichen mich nicht mehr. Zu viele Priester, zu viel Hybris hat sich diesen Atem angemaßt. Er ist faul und steht mir übel im Weg. Ich will, muss und kann diese Arbeit selbst leisten! Weil ich ja immer nur meinen einen kleinen Schritt zu tun habe. Auch wenn diese Autoritäten heute als ›Social Political Concept Designer‹ daher-

kommen und mich in szientistische Gewänder labeln. Sie verge-
waltigen mich nicht weniger als ihre altklerikalen Vorgänger,
verordnen mir als selbstherrliche Gesetzgeber ihre Nomenkla-
tur. Das einzige aber, was ich ohne Vorbehalt akzeptiere ist,
Mensch zu sein. Dabei kommt es eben darauf an, den Vorbehalt
für alles Weitere zu reservieren. Verstehe ich mich als Deutscher, als Chinese, als Europäer oder Weltbürger – in welchem
Sinne auch immer –, als männlich, weiblich, unbestimmt, hybrid
oder wandelnd, wachend oder im Schlaf, so läge die Entscheidung bei mir. Sie wird willkürlich, beliebig; als Standard völlig
leer und sinnlos. Wie Mephisto zu Faust sagte: »Setz dir Perü-
cken auf von Millionen Locken, Setz deinen Fuß auf ellenhohe
Socken, Du bleibst doch immer, was du bist«. Ich bin sozial un-
terbestimmt. Diesen Mangel kann aber nur ich selbst füllen, für
jeden anderen bleibt die Pflicht, ihn offen und roh zu belassen.
Meine Schuldigkeit als Mensch bleibt dieselbe, gleich in welcher
Perspektive ich sie sehe. Führe ich meine Position zur Welt ins
Feld, dann damit ich ihr besser gerecht werde; nicht um sie im
Kaleidoskop des zufälligen Wortwirrwarrs zu vergaukeln.

Von einem derartigen Begriff, dem der Rasse, hat sich
selbst ihre Mutter, die Biologie, längst und deutlich verabschiedet. Keine Soll-Aussage zum Menschen kann sich des Arsenals
der beschreibenden Wissenschaften bedienen, weder die klassi-
fizierende noch die bewertende. Was sie über die Funktionalitä-
ten und Varianten unserer ambivalenten Alltagssprachen sagen
kann, bleibt gebunden. Das Ganze des Menschen und seiner Gesellschaft ist so unbedeutend für das Allgemeine, dass es besser
in Fachzirkeln bliebe. »Als Ameise sollte der Mensch darauf verzichten an seinen freien Willen zu denken« – na und?

4.7 Spirale abwärts

Eine der tiefgreifenden Fehlentwicklungen unserer Zeit – und zugleich Ausdruck der ungebrochenen Macht des Wortes über den Geist – ist die Beschwörung wunscherfüllender Medizintechnik. Die neue Magie zieht alle Register: Geheimnisvolle, elegant geschwungene, vierfarbige kristalline Symbole werden rituell aufbereitet, durch Prozessionen aufgeführt, zu Geschichten der Warnung und Verheißung umgedichtet. Die Eingeweihten gewähren Prophetie: Wird mein Kind gesund? Ist mein Partner die rechte Wahl? Was ist mein Schicksal? Alles aus den schönen Bausteinen, die wir Gene nennen. Gern glauben wir dem Versprechen. Es macht uns jemand leicht, unfehlbar und wirkmächtig wie nie, die Bestimmung des eigenen Weges aus der Hand zu geben, die Antworten – und damit gleich auch das Fragen – den Auguren der kleinsten Welt anzuvertrauen. Das ist ja keine Astrologie, kein Hexenwerk. Nein, das sicher nicht. Aber macht es uns selbst klüger, sicherer, gesünder und stärker, die eigenen Entscheidungen zu treffen? Wie steht es um all diejenigen ohne Bildung, Sicherheit und Gesundheit?

Ja, wir sind in der Lage so genau ins Kleinste zu gehen, dass wir uns wieder einwickeln lassen. Die Übergänge vergessen wir, sobald uns der materielle Innenraum der Zelle gut ausgeleuchtet vor Augen steht. Dann interessiert uns nur noch die technische Raffinesse: Was wir da tun; was es mit uns macht und bedeutet; wie wir den Übergang zum souveränen Leben mit diesen Komplikationen, mit immer weiteren Abfallhaufen aus den Datenwälder der Bioforschung in den Griff bekommen. Nach uns die Sintflut. Wer ist denn so gesund und glücklich, dass er nichts mehr will?

Statt inne zu halten und das Vordringliche zu bearbeiten, von dem wir schon etwas verstehen, statt die Welt gerechter zu

machen und zu kultivieren, statt wie der Baum, aus seiner
Selbsterhaltung heraus, sich, die Welt und die angeschlossenen
Populationen zu nähren und sich immer tiefer im Gesunden zu
verknüpfen, folgen wir dem abwegigsten aller Modelle: der vergeilten Kartoffel. Immer weiter strebt der gierige, verzweifelte
Finger ins nichtige Licht und wird während er zu wachsen
meint nur fadenscheiniger, schwächer, dürrer: »Gollum!«.

Auch wenn wir uns eine Weile große Mühe gegeben haben
und darauf über die Maßen stolz sind: Wir lernen nichts weiter
aus dem Ungeist des Rassismus oder seinem Cousin, dem Klas-
senwahn. Weder aus dem Elend der Größe, aus der Verarmung
des materiellen Kommerzes, noch aus den atemberaubenden
Fehlschlägen des Kontroll-, Magie- und Steuerungswahns, sei es
bei Hitler, Mao, Stalin, Pol Pot oder den abstrakt-anonymeren
Mächten aus Interessen im Hintergrund. Heutzutage kommt die
Umkehrung der inneren Logik der Würde in technologisch ver-
brämter Form daher, als ›liberale‹ Eugenik; also noch wirkmäch-
tiger, ungreifbarer und vielschichtiger als ihre kruden Ahnen.

Hier liegt auch eine ökonomische Folge der verkehrten
Übergänge. Denn damit das Perverse appetitlich bleibt, braucht
man die Einrichtung eines aufwendigen Spiegelkabinetts. Dafür
nehmen wir größte Umstände in Kauf, so die Umdeutung des
wunderbar gegebenen Menschen auf dem Weg zur Geschichte
als Ich: in ein Depositum für allfällige Zugriffe; oder in einen
Wertstoff, als Material oder Struktur- oder Ablaufmodell, als
Nährboden für Träume und Experimente; oder in eine defizi-
täre, optimierungspflichtige Existenz, die jeden an sich herum
verbessern lässt. Was aber tritt an dessen Stelle? In der kommer-
zialisierten und IT-gestützt medialisierten und entgrenzten Verfassung dieses Weges liegt das Potential zum Angriff auf die
Würde selbst: nicht ›nur‹ wie bisher auf die biologische und
emotionale Integrität bzw. unser Leben, sondern auf das, was

Gryphius unserer »Seelen Schatz« nennt: auf den Begriff des Wertes, den nur menschliches Arbeiten am Menschlichen zum Vorschein bringen kann.

Warum nicht einfach den Menschen Mensch sein, werden lassen, innerhalb der vernünftigen Grenzen das Wenige gut machen, was wir können, um Wohlsein und Würde zu ermöglichen? Warum nicht die Zeit einladen, sich mit der Kultivierung zu verbünden? Die Ehrfurcht vor dem namenlosen Woher und Wohin wird verschämt hinter glitzernde Tapisserie fortgehuscht, Geduld muss sich rechtfertigen. Die Zeit des Übergangs bietet Erleben, Verstehen, Orientierung. Nutzen wir die Geduld zur Befreiung von allem, was mit der Zeit vergeht.

So erfahren wir aus der Evolution der Menschheit, wie es gehen kann, schlecht und recht. Sind wir nicht schon vielmals übergegangen aus der Not, jagend-sammelnd von der Hand in den Mund zu leben, zur Möglichkeit planvoll, vorsorgend und angemessen selbst eine nachhaltige Welt zu bauen, die nachwächst, ihre Werte ehrt und pflegt und gebiert: die Idee von Kultur als einer transformatorischen Natur. Durch die Hand des Menschen schaffen wir Mehrwert für Menschen aus unserem ursprünglichen Sein: menschliche Natur als Humanismus, als Durchlauferhitzer, der Technologie, Kunst, Ethik, Wissen, Liebe, Gerechtigkeit veredelt.

4.8 Durch die Mitte

Das verlangt im Kern, die Verhältnisse zu managen. In kleinsten Entscheidungen Positionen zu vernetzen, Beziehungen mit Bedeutung und Verantwortung zu verknüpfen, zur Arbeit einladen und Wandel, Wachsen, Wertschöpfung ermöglichen; all dies zu einem Rhythmus zu verstetigen.

Das zu begreifen fällt schwer. Für uns Europäer steht – so oder so – in den Erzählungen des monotheistischen Fixpunktes verwoben: »Im Anfang war das Wort«. Das ist aber irreführend. Siehe Faust: Angehen kann auch die Kraft, der Wille oder gleich: die Tat. Das mag alles mit gemeint sein. Worauf aber kommt es denn an? Die Bedeutung ›des Wortes‹ liegt nicht in dessen Deutung, sondern im erfüllten Aus-Sein aufs Handeln. (Ja, das Deuten kann auch ein Handeln sein – dann aber eines, das sich rückversichern oder Eigenmacht erlangen will.) Das ist nur eine Verschiebung des Akzents, denn alle gehören zusammen in einen Akt: Wollen, Meinen, Sagen, Tun. Es ergibt sich aber vieles aus der Verschiebung des Akzents. Was nicht (weiterhin) passieren darf, ist die Rechthaberei um bloße Worte. Recht hat, wer das Gute nicht nur meint und dann das Gemeinte gut sagt, sondern erst, wer es im Handeln als gut erfährt – was immer nur bestenfalls ungefähr gelingt. Deshalb ist das wichtiger, was vor dem ›Wort‹ genannt wird und Rechthaberei erlaubt – nämlich der Aus-, Durchgangs- und Übergangsbereich; der gute Zustand, hier als ›im Anfang‹ bezeichnet.

Immerhin: Der Worte sind genug gewechselt – lasst uns doch, humanistisches Abendland, endlich Taten sehen!

Zwischenspiel

Treffen sich zwei, Teil 1:

Ich und du aus der Weite.
Hier gehe ich, da ist etwas;
hier stehe ich,
da kommt jemand;
ich halte inne, du bist da;
wie wollen wir uns begegnen?
Wir sehen uns an, wir hören uns zu;
wir halten die Nähe fern, die Weite aus;
ich achte auf das, was ich nicht sehe;
du achtest auf das, was du nicht hörst.
Wir plaudern, wir handeln und wandeln
dann weiter unserer Wege.

Treffen sich zwei, Teil 2:

Ich und du im Gedränge. Ich härte, schließe, begrenze mich;
ein du, ein es? Die Masse greift an? Ich weiche aus; ein Blitz
aus dem Schemen; eine Gestalt in den Schatten; ein Mensch?
Schon ist dies vorüber, und alles geht weiter, und ich wende
mich ab und taumele
fort.

5 Gestalt der Kultivierung

Das erste Etappenziel der Integrität ist, einen Begriff der eigenen Gesundheit auszubilden. ›Gesundheit‹ als Leitbild verstanden beschreibt meine Verfassung und Aufgabe, zu erhalten, was gesundet und zu gewinnen, was gesund macht. Alles braucht Maß und Ziel im Kontinuum des Weges, der ich bin. Also gibt es keinen gesunden Stillstand, kein Gesund-Sein als Status Quo, außer den der allumfassenden Bewegung im Durchgang; keine Pflege außer durch Arbeit, Für- und Vorsorge; keine Heilung außer Ertüchtigung zur weiteren Kultivierung und Resilienz. Gesund bedeutet aber auch (noch) nicht, gut zu sein oder klug oder schön. Diese Charakteristika können im Gesunden zum Ausdruck kommen. Ihr Verhältnis zueinander ist jedoch problematisch. Ich kann klug, aber ungesund sein, indem ich meine Klugheit unklug einsetze; schön und ungesund, indem ich meine Schönheit falsch nähre; gut und ungesund, indem ich meine Güte verkommen lasse. Gerade in der Arbeit an den Defiziten, am Noch-Nicht, Nicht-Mehr oder Nicht-Recht kann Gesundheit sich durchbilden, sich abarbeiten am Hässlichen, Bösen, Dummen. Aus diesen Erlebnissen der Reibung kann sie einen Begriff vom Gesunden gewinnen, der im Widerspruch steht zum Guten, aber auch einen, der im Sinne des Guten über sich hinausweist. Sie unterstützen uns bei der Arbeit, durch das Ausmitteln zu ermitteln, wie wir auf dem Weg bleiben. Der Boden, auf dem wir handeln, wird dichter, robuster, zuverlässiger. Unter dem Leitbegriff Gesundheit greift unser Blick über die Funktion des Organischen hinaus und bezieht die organisationalen

Qualitäten der in uns verknüpften Umwelt mit ein: ich verstehe das Gesunde durch die Relationen und Proportionen dieser Faktoren in meiner Gestalt: der Kristallisationspunkt der Freude.

5.1 Szenerie

Gesund-Sein als Schnappschuss: In einem Film, der vom Fluss der Gestalten handelt, die wir im Zuge unserer Kultivierung durchlaufen. Dieser Zustand ist Ausdruck davon auf dem Weg zu sein. Nicht nur der Leib stimmt in sich zusammen, sondern auch im Einklang über die Ausdehnungen: Umwelt, Zeit und Gemeinschaft. Darum meint Gesundheit zuerst Ordnung, dann gute Praxis und schließlich Wohlbefinden. Alle Teile verweisen aufeinander.

In dieser Anordnung verwirklichen wir unsere natürliche Arbeitsteilung, aus Fähigkeiten, Bedürfnissen und Funktionsweisen unserer Selbststeuerung. Es geht um die Inszenierung der Choreographie, der Aufstellung und des Ablaufs der Spektralschatten meiner Gestalten, sie auf mein Menschsein hin auszurichten. Soweit die Relationalität. Hinzu kommt die tätige Verknüpfung aus der *vita activa* hinaus in die gebundene Freiheit des *homo ludens*. Erst dieser gestaltete Übergang, nicht die Reise durch die inneren Hallen der *vita contemplativa*, die wiederum eine Variante der *vita activa* ist, kann uns von Verhärtungen befreien; besonders von denen des Dogmas, des aus seiner Rolle fallenden Intellekts. Denn unsere Selbstkultivierung versteht sich vom Grunde her als Spiel, das Dienende versucht sich im Herrschen, unsere Kreatürlichkeit ist propädeutisch, eine sinnvolle Vorübung. Dabei spielen Entscheidungen, die auf Gesundheit bezogen sind, die Rolle der Selbstvergewisserung. Solch eine Entscheidung ist entweder Ausdruck eines mehr oder weniger stimmigen inneren Befindens oder der Aufbruch in den eigenverantwortlichen Weg in der Welt. Meine Souveränität zur Gesundheit erlange ich nicht durch irgendeine verordnete Diät, sondern durch deren vernünftigen Einsatz. So zeigt sich das Gesunde als rechte Bewegung: nicht mit Blick auf eine Zielerreichung, sondern als Haltung, Übersicht und Rhythmus im Gehen durch meine Orientierung.

Das Gesunde ist also auch nicht ein Gegenbegriff zum Kranken. Beides sind Phasen, Ausschläge einer immer gemischten Verteilungskurve. Sie bedingen einander und lösen einander ab. Wenn ich gesund bin, achte ich auf das, was das Kranke zum Ausbruch bringen kann; bin ich krank achte ich auf das, was mich gesund macht. Ich kann aber gesund sein und zugleich behindert; ich kann gesund sein und zugleich leiden; ich kann mich sogar im Namen des Lebens selbst in Todesgefahr begeben, indem ich gebäre – der Inbegriff des Gesunden Lebens und zugleich die schärfste Krise des Lebens selbst. Hier, wo das Leben bei sich selbst ist, kann es kein vollständiges Gegenteil geben, nur relational gebundene Wandlungsphasen.

Der Gegenbegriff zur Gesundheit ist geistig: das Schlechte, wohlgeboren zu werden – wie es in dem (einmal gut gemeinten) Anspruch der ›Eugenik‹ zur Blüte kommt –, wird zum Irrlicht des Weges. Es wirkt als Zerrbild des Eros, als prinzipiell unbehauster, unbefriedigter, existentiell hadernder Widerspruchstaumel aus Furchtsamkeit und Ungeduld. Es ist das Scheitern des Geistes, in vielerlei Form. Immer sind Maß, Mittel und Ziel aus den Fugen. Der Bauer aus Song kam abends immer völlig abgekämpft von seiner Feldarbeit nach Hause. Er hatte »dem Getreide geholfen zu wachsen«. Sein Sohn begleitete ihn eines Morgens zur Ernte – und fand alle Felder verheert. Sein Vater hatte so lange an den Ären gezerrt, um sie besser wachsen zu lassen, dass sie vergehen mussten. Ähnlich der Lyssenkoismus aus Stalins Prägung: Man könne verschiedene Getreidesorten durch geeignete Techniken und Kulturbedingungen ineinander umwandeln. Wie dem Menschen wurde auch den Pflanzen jegliche spezifische innere Eigenart, ihre eigene Zeit, aberkannt, symbolisch hier durch das Leugnen der Existenz von Genen. Wieder kam nichts als Elend, Verdummung und Hungertod heraus. Man darf aber etwas lernen.

In Wendungen der Bildung sind dies beides Fälle einer gescheiterten naturalistischen Wende des Humanismus, Spielarten unserer Hybris der technischen Beherrschung des ursprünglichen Chaos. Ganz einfach zu vergessen, Natur ist selbst Geist; Kontrolle gewinnen wir nur aus tiefem Verstehen, Bescheidenheit und Selbstkontrolle.

Auch wissen wir doch: Geist braucht Raum und Raum hat Struktur; ohne diese verpuffen wir. Ob eu-genisch oder transhuman oder Innovationsplan: Welcher Wert in der Aufwertung soll angehoben oder gehoben oder bestimmt werden? Steht etwas neueres zu erwarten, als das gute alte Glück? Welche Mittel dürfen es sein? Steht besseres zu Gebote als das Erprobte zu bewähren und das Bewährte zu erproben? Welches Weltwissen geht ein in die Wertsetzung? Schon technisch ist es noch nie gelungen die beanspruchte Kontrolle auszuüben, das Ziel zu erreichen, der Zauberlehrling schreit am Ende doch nur wieder nach seinem alten Meister, dem Weisen. Nicht immer, aber hier auf jeden Fall, genüge es die Fratze zu zeigen: Unsere Eugenik geht nur ohne rechte Kultur, Bildung, Erziehung, Erkenntnis – und durch jede Menge Gewalt. So schaffen sie Böses, indem sie Schlechtes als Gutes tun – erst recht, wenn wir uns auf den Leim locken lassen, dies selbst zu wollen: Nur lauter Komplizen in der ›li(e)beralen Eugenik‹; nichts gut und gesund.

5.2 Harmonik

Die Welt teilt uns alles mit, wenn wir sie richtig befragen und vor allem: ihr zuhören. Wir erlauschen das Gute aus der Tiefe der Geduld, in der Liebe der Zuwendung, durch die Verbindung mit dem Anderen. Das Bessere gibt es nicht. Ich kann es weder durch Fressen aufnehmen noch in dich hinein pfropfen. Es gibt nur Gutes: als geworden, gelassen, gestaltet. Schlecht Gemachtes kann zum Richtigen gewandelt, integriert werden. Technik wirkt dabei Wunder: Wenn ich meinen Geist (nur nicht: meine Meinung, meine Gier, meine Unmündigkeit) zu seinem Recht kommen lasse und sie mir dient. So macht Gesundheit gesund.

Sonst bleibt uns wieder nur übrig zu fragen: Wem soll das nützen? Wer die Einsicht in unseren Eigenwert aus dem Weg räumen mag, wird auch hier, in vermeintlichen Körperwelten, als naschhafter Schaumschläger des Geistes rotieren, Nutzen am Zuckergehalt ermessen, der am Klebrigsten haften bleibt.

Die Kurzschlüsse biotechnologischer Aufwertungsträumereien übersehen und übergehen die konstitutive Arbeit der Bildung. An die Stelle des Durchgangs setzen sie überbrückende Module, die mich verfremden und überfüllen: Nürnberger Trichter, wodurch ich mich mir entfremde. Was dann aus mir geworden sein wird, mag eine Weile funktionieren oder auch brillieren. Was davon aber bin ich?

Nichts gegen Prothesen. Wo sie gebraucht werden, sollen sie helfen. Aber wie: als Zuwendung und Fürsorge, nicht als Erniedrigung durch Vorhaltungen minderen Selbstwertes; nicht als Ersatz von eigenem durch Fremdstoffe, nicht als Flügel, für die Illusion, die Spezies zu wechseln, um fliegen zu können. Dies ist keine Frage von Reinheit – auch solche kennt die Natur nicht, nur ein Geistesblitzen. Wieder geht es um Einstellung und

Haltung. Es so weit kommen zu lassen, dass ein Mensch an sich leiden muss, ist fahrlässig und ihn sich durch die Maßstäbe der Maschinen und industriellen Fertigung bestimmen zu lassen, ist verantwortungs-, vor allem aber plan- und lieblos. Diese Verirrung weist in jede Richtung: Gesellschaft, Staat, Familie, Ich. Das Selbst so anzunehmen, wie es ist, ist weit mehr als eine moralische Pflicht. Es ist ein Grundsatz der Klugheit, die Elementarlehre der Vielfalt, aus der alles wird.

Die erste Einsicht: Es gibt keinen Standard für den Menschen – weder technisch noch sozial noch wissenschaftlich. Auch nicht das Ebenbild Gottes, denn das übersteigt alles, was wir erleben, begreifen und sagen können, blendet uns, mit weißglühender Projektion. Es gibt da draußen unendlich viele Anhaltspunkte, an denen ich mich entlang hangeln kann. Als Maß aber nur die gegebene innere Möglichkeit, ich zu sein. Dessen Bedürfnisse und Handlungen werden ausgemittelt. Dann kann ich mich aufmachen.

So fragt das Ich: »Bin ich schon krank oder noch gesund? Was soll ich tun…? Was tut mir gut…?« – und bleibt ohne Antwort; solange bis ich verstehe, was meine Gründe sind, geschmiedet aus Wollen, Wissen, Können. Will ich gesund werden, dann stärke ich, was mich gesund macht. Ebenso geht das bei meinen Kindern, für die Gesellschaft – erweitert durch meine Anteilnahme, die in die Arbeit all der anderen Schmieden hinein lauscht.

Wenn ich krank bin, richte ich mich ein, vielleicht unter Protest und Vorbehalt. Besonders grausam ist dieser Zustand, wenn ich nicht eigentlich krank bin, sondern verletzt. Dann folgt auf das Trauma, auf die Gewalt gegen meine Integrität, das Elend der weiteren Schwächung; nicht nur durch Verlust von organischem Stoff oder Funktionalität, sondern durch die Erniedrigung unter die rohe sprachlose Macht der Physik. Am

Ende dieser Skala steht die absichtliche Folter und Marter, blanke Gewalt. Die Verletzung ist dem Menschen wesensfremd, darum erschüttert ihr Anprall so sehr. Wir haben keinen Zugang, keinen Kontaktpunkt, sie als meines anzunehmen. Sie ist ein rabiater endgültiger Schnitt, der nie heilt ohne Narben. Ich füge mich aber nach der gewährten Spanne der Zeit den Verhältnissen. Darum heißt es: Patient sein. Ich lasse zu, dass sich zurechtwachsen kann, was noch die Säfte beleben. Geduld im Leiden. Der Brennpunkt meiner Würde.

Das kann genau der Weg sein zu gesunden. Dann geht es darum, das Leiden in Atmen zu überführen, meinen Spielraum zu erweitern: Was trägt mein Wollen bei? Achtsam spüre ich dem nach, was ich von mir weiß, wenn ich mich als geschwächt, angeschlagen, aber gesund denke; oder wenn ich mich als krank verstehe. Was will ich dann?

Irgendwann kommt es nicht mehr darauf an, ob ich gesund oder krank bin, sondern wie ich auf mich achte. Die groben Begriffe lasse ich dann hinter mir, mein Wissen fließt direkt in meinen Willen und zeigt sich mir dort, in der Tat.

Klingt das kompliziert? Ja, die Sprache macht es nicht immer leicht, präzise und durchlässig zugleich zu sein, um die Bedeutung in ihrem Netz zu halten. Je genauer wir die Feinheit des Webwerkes betrachten und ihre Raffinesse in Textur aus Worten hüllen möchten, desto schwerer fällt der Eigensinn des Gewandes ins Gewicht.

Aber es kommt darauf an, mitzudenken, dass und wie wir es schon längst verstehen. Die Komplexität verwirrt uns ja gar nicht, wenn wir sie beherrschen. Wir spielen souverän durch sie hindurch. Oft bemerken wir davon noch nicht einmal etwas. Diese unsere besondere Leistung, den Wert unserer Selbstver-

ständlichkeit würdigen zu können, ist Ausdruck robuster Gesundheit. Mein leibliches Gesundheitswissen macht mich leicht,
handlungsfähig, erfüllt mich mit Tatendrang und Sinn.

5.3 Partitur

Wie weit wir aber davon entfernt sind! Nach drei Generationen
ungestörten Wachsens, auf dem Sockel der Friedensdividende
und eingepackt in unseren behaglichen Wohlstandsspeck: Die
absurd hohen Krankenstände erzählen eine Geschichte der Verwahrlosung. Ein ironisches Geschenk an die Nachkommenden.
Wovon sie handelt: Besonders Berufsgruppen dauerhaft Angestellter und Beamter präsentieren sich als malad. Sie sagen es
und sie werden es, immer weiter. Die Not ist echt. Lesen wir in
ihrem Gewebe die Zeichen der Zeit. Sie weisen auf Motivations-
und Loyalitätsprobleme hin, nicht bei diesen und jenen, sondern
überall. Besonders die im Genuss ausgeprägter äußerer Sicherheit stehen, scheinen ihren Weg in einem trägen Taumel zu ver-
tändeln. Mit der bürgerlichen Definition und vertraglichen Sicherung eines Arbeitsverhältnisses verfügen wir ja nicht zugleich auch über die Arbeit selbst, die geleistet werden soll. Arbeit ist etwas Inneres, da reibt sich der Geist durch das Wort,
durch die Hand mit dem, was zu gestalten ist, einen Wert her-
auszuformen. Die Reibung braucht Spannkraft und Willen und
Sinn und Zusammenhang. Zwischen rechtlicher Grundlage und
Qualifikation einerseits und Erfüllung der Arbeit andererseits
liegt das weite Feld der Organisation und Motivation: da sind
Wege, Räume, Plätze zu gestalten, innerlich und äußerlich;
Kommunikation einzubetten und Konventionen zu pflegen.
Dies dient der Befreiung der Arbeit, dem Fluss der Schaffens-
kraft durch das Netzwerk der Wertschöpfung und dem Lernen,
das uns wach, kreativ und gewissenhaft hält. Die Mauern, die

den Berufstätigen schützen, an die man sich anlehnen und durchatmen kann, werden bei übermäßiger Pflege kalt; sie erdrücken, isolieren, ersticken und berauben der Arbeit ihrer Durchgänge. Es geht dabei allerdings nicht um ›Ruhe und Erholung‹ – das ist eine entmündigende Phrase, wenn ich nicht wirklich bedürftig bin und sie mir das Tätigsein abspricht. Es geht darum, meine Aufmerksamkeit, mein Denken zu stimulieren, achtsam auf die subtilen Erfordernisse zu lenken, die in meiner Arbeit mitschwingen, mich auf deren eigenes Wollen zu konzentrieren, denn das macht die eigentliche Arbeit aus. Wenn ich mich nicht mehr selbst immer wieder situieren, neu beweisen, erleben, erproben, bewähren muss, verliere ich meinen inneren Kompass. So werde ich schlaff und unzufrieden, verlerne zu sehen und zu hören, zu wollen. Das geht weit über Faulheit oder Inkompetenz hinaus. Es ist wirklich übel: Ich arbeite nicht, sogar wenn ich mich fortgesetzt furchtbar anstrenge, sondern funktioniere, produziere, konsumiere Zeit und Ressourcen, meine und diejenigen der anderen. Also vernichte ich Freude, die Nahrung des Geistes. Was ich sodann erzeuge, sind keine Werte, nichts leuchtet. Es sind Ausscheidungen, Exkremente. Sie tröpfeln in den Kreislauf der Gesellschaft, in den Schaltstellen der Ökonomie wird daraus eine Spirale der Selbstvergiftung. Es gibt kein Klärwerk. Der Strudel greift um sich, zieht andere, alles mit hinein. Wir konsumieren die freudlose Verrichtung unserer Geschäfte und verwandeln uns ihr an.

Schauen wir in die Statistik, fällt im Vergleich mit Selbständigen nicht nur der Zusammenhang von unverhältnismäßig geringer Sicherheit und hoher realer Arbeitszeit auf. Oft hört man von einer besonderen Motivation, die Eigenverantwortung mit sich bringe – von den Aktiven selbst in Begriffen einer verblüffenden Mischung aus Not (solange sie nicht ihrerseits zu Abgesicherten geworden sind) und Begeisterung: ganz das Klischee vom Risiko als Preis der Freiheit. Dann aber wenden wir uns dem Inneren zu: Was tut man denn eigentlich? Was macht man wohl anders mit seiner Zeit und Kraft? Wie gestaltet man die Abläufe, wenn man nicht ›abhängig beschäftigt‹ ist? Ich raffe mich auf, erhalte mich aktiv gesund, verringere Risiken, die ich in der Hand habe, passe mich den Umständen an, um sie zu nutzen, lerne und organisiere neu. Ich bin ein Getriebener, der sich treiben lassen kann; nicht antriebslos fremdgesteuert. Das macht das Spannungsfeld übersichtlich, in das ich mich begeben habe.

Ohne das verlange ich ganz anderes von mir, denn ich beginne mit einer Schuld gegenüber denen, die mir den Raum bereitstellen, in dem ich mich dann meines Kredites würdig erweise, indem ich arbeite: Ich verdiene mir meine Privilegien, Planungs- und Entwicklungsperspektiven, durch Loyalität und die Bereitschaft, mich einzuordnen. Umso größer ist die Pflicht, mich selbst um meine Wertschöpfung zu kümmern, sie bestmöglich aufzuschließen. Ich habe den Raum und die Aufgabe, die Mitte zu finden, aus der ich dienen kann, ohne mich zu verleugnen: Indem ich bei mir bleibe, bringe ich mich ein. Dies hängt ganz und gar von der Ansage, Anordnung und Geschichte ab, die der Ort meiner Arbeit formt. Die Kunst der Führung ist umso anspruchsvoller, wenn nicht ich das Maß mache, sondern verstehe, das große Ganze so durchzukomponieren, dass es mit der Rolle des Einzelnen zusammen stimmt und dadurch maßgeblich wird. Weil es hier nicht um Geschichten vom Verkauf oder von Produkten geht, sondern darum eine komplexe Choreographie zu durchtanzen, die einen Eigenwert aus dem Zusammenspiel vieler generiert. Arbeit ›in abhängiger Beschäftigung‹ ist nur äußerlich und irreführend eine *Beschäftigung*. Wir dürfen uns von diesem Begriff auf keinen Fall bestimmen lassen und vom Zweck abbringen lassen. Die Arbeit bringt ihre eigene innere Motivation mit und nur sie kann Wert schöpfen. Jeder kann nur im aktiven Modus durch eigenen Einsatz zu einem gesunden Arbeitsumfeld beitragen. Der Arbeitslohn bleibt ein Symbol für den Wert meines Beitrags zum Ganzen, keine Kompensation für den Verzicht auf Teile meines Lebens oder die Fremdnutzung meines Körpers. Auch wenn weite Bereiche des Arbeitslebens tatsächlich wie Prostitution beschrieben und organisiert werden (sogar die vermeintlich freiesten unserer Geister, die Wissenschaftler, können kaum anders als sich als Call-Boys oder -Girls zu verdingen und um Forschungsmittel zu buhlen, anstatt aus eigener Kompetenz ihre Arbeit zu gestalten), steckt in diesem Faktischen nicht so viel normative Kraft, dass wir uns ihr beugen dürften.

Daher muss die Qualifikation der Führung, des Managements entsprechend größer sein, um jeden machen zu lassen, was er am besten kann und wie es diesem entspricht, und alle Abläufe so abzustimmen, dass regulierendes Eingreifen möglichst überflüssig wird. Das schließt Zielvereinbarungen und Plansollfeststellungen nicht aus. Es verlangt aber, dass diese in ein breites Streuungsfeld von Szenarien, Optionen und offenen Pfaden eingebettet sind. So wird gewährleistet, dass Lernen aus Fehlern möglich bleibt, dass Korrekturen an der Zielbestimmung willkommen sind, dass Toleranz und Wertschätzung in eine heitere, unterstützende, kooperative Betriebskultur einmünden.

Ist eine solche Kultur nicht gegeben, indem ein jeder sich als Lohnempfänger und die Arbeit als bloßes Mittel zu Zwecken ansehen kann, die außerhalb ihrer selbst liegen, bleibt die Bindung aus; Verknüpfungen der Einzelnen durch den Arbeitsraum bilden sich nicht, man werkelt nicht zusammen, sondern neben- oder gleich gegeneinander. So verflacht, zerfasert, zerfällt die Grundlage für eine gesunde Wertschöpfung zwischen den Mitarbeitern und in den Individuen. Das ist der pathogene Keim, der Würde und Gesundheit zermürbt. Wo keine Wertschöpfung entstehen kann, bleibt nur Wert-Abschöpfung bis zur Abwicklung des Bestandes.

Lassen wir dies im großen Stile zu, dann vergiften wir unsere Zukunft. Der Resilienz der Kraft aus den spontanen Quellen unseres Lebens muss man ja einiges entgegensetzen, um sie nachhaltig zu schädigen. So erfahren und raffiniert hat sie sich in uns über 40.000 Generationen seit der Altsteinzeit eingerichtet. Den Schaden bewirkt eine breite Allianz ungesunder Faktoren, die sich unter einem fadenscheinigen Deckmantel konventioneller Besitzstände einnisten. Wir sind dafür verantwortlich, ob und wie sie wirksam werden können. Immer wieder stehen wir selbst vor kleinen oder größeren Entscheidungen. Wie weit gehe ich Kompromisse ein? Wo beginne ich mich zu verbiegen? Komme ich hier überhaupt noch vor, höre ich auf meinen gesunden Eigenwillen? Dadurch werde ich zur gesunden, kranken, würdigen oder fremdgesteuerten Person.

Bin ich krank, elend, ausweglos geworden, spielt das Umfeld sicher eine Rolle, für die ich mich und andere sich verantworten müssen. Aber ich muss mir selbst, dem Arbeitsumfeld und der Gesellschaft dann auch eingestehen, dass ich meine Privilegien missbraucht und den Kredit verpulvert habe. Das hat nicht nur in der Unternehmensbilanz, sondern auch im Großen und im Kleinen seinen Preis: Volkswirtschaft und Selbstgefühl hängen so zusammen. Grundlegend ist die eigene Entwürdigung. Jeder Instinkt unseres Leibes wehrt sich gegen die Selbstaufgabe. Leid und Unbehagen aggregieren zu einer Phänomenologie des Krankseins. Es ist gewiss ein gesunder Impuls, abzuwehren, sich abzuwenden, zu verweigern. Bleibt er aber ohne Gesundheit stiftende Handlungsoptionen, frustriert – so

macht er krank und kränker. Entspringt die Entwürdigung jedoch nicht der Not, sondern aus Bequemlichkeit, antriebsloser
Sattheit oder frechem Parasitismus, so wird man schlecht. Der
Arbeitsplatz wird zu einem Ort des Betrugs, an dem meine
Kräfte nicht der Wertschöpfung dienen, sondern dem Verschleiern, Abwehren, Irreführen der Qualitätssicherung. Besonders
tückisch ist die schlaue Strategie, das Spiel mitzuspielen, als
Doppelspiel oder strategisches Mimikry. Klüger wäre es auszu-
steigen, denn es ist riskant, ungesund und kostet viel, wenn man
den Geist zu einem bloßen Instrument zurichtet.

Bezeichnend nehmen psychosomatische und psychosozi-
ale Syndrome zu. In der organisationalen Unkultur vieler Arbeitswelten gedeihen Pathogene. Fehlgeleitete Abläufe und gut-
gemeinte Vorgaben erzeugen Inkubatoren für Depression,
Burnout, innere Migration. Anstatt an den Reizpunkten von
Problemen zu arbeiten, werden sie durch Standards abgeschafft.
So wäre die schicke ›Work-Life-Balance‹ womöglich sinnvoll,
wenn sie an den Realitäten der Mitarbeiter ausgerichtet wäre
und nicht an Politik. Überwiegend Frauen werden gezwungen
zu lügen, indem sie sich krank melden, um ihre kranken Kinder
oder sonstige Angehörigen zu betreuen, die ihrerseits am Stress
der Zuwendungserbringer mitleiden (Eskalation der Pathogene) und somit sämtliche Gesundungsprozesse aller Beteilig-
ten ins Gegenteil verkehren (destruktive Eutrophie). So wird gesundes zu krankem Sozialverhalten. Dabei scheinen Frauen ausgerechnet aufgrund einer Befähigung zu achtsamem, körperbe-
wusstem Hinsehen und relativ weniger fremdbestimmten Ar-
beitsverhältnissen, die Statistik der Erkrankungen noch zu be-
füllen, denn sie haben eine deutlich längere Lebenserwartung
als Männer, können also länger krank oder pflegebedürftig sein.
Diese Folge einer gesunden Kondition wird aber wiederum
volkswirtschaftlich als Schaden vermerkt, da sie durch diese

länger zu Empfängern aus den Renten-, Sozial- oder Kranken-
kassen zählen können. So entsteht die Spirale zu vollkommen
dekadenter Korruption: das Gegenteil eines lernenden Systems.
Wozu bestrafen wir gesundes Verhalten, anstatt ein System vor-
zuhalten, das solches belohnt und es ermöglicht, Segen zu stiften.

Beginnen sollten wir mit dem Abgleich von Benennen und
wirklichem Sachverhalt. Wenn wir nicht nur lügen müssen, um
das Richtige zu tun, gewinnen wir Klarheit und Sicherheit.
Selbst wenn das Schädliche allgemein toleriert wird, führen wir
uns sonst selbst an der Nase herum.

Zwei weitere Einsichten eröffnet der Blick durch das Spekt-
ral der Gesundheit: Wenn Angestellte im öffentlichen Dienst besonders häufig krank sind, deutet dies auf Führungsschwäche
hin, denn dieser Sektor ist strikt hierarchisch gestaltet. Auf jeden
Fall bringt die Fürsorgepflicht offensichtlich weniger Erfolg als
bei Angestellten im privaten Sektor. Und wenn nach den Jahr-
gängen über 50 die zweitstärkste Häufung unter Berufseinstei-
gern auftritt, gelingt offensichtlich die Vorbereitung auf den Be-
rufsalltag nicht angemessen. Schule, berufliche Bildung und Arbeitsorganisation stimmen nicht mit dem Anspruch überein,
Gesundheit und Wertschöpfung im Zusammenhang zu ermöglichen.

Ein weiterer konkreter Widerspruch, wieder statistisch gefasst, stellt die Zahl der Überstunden dar: kompensiert oder
nicht, geleistet überwiegend vom Prekariat des Arbeitsmarktes,
angestellt und männlich. Der häufigste Grund für Mehrarbeit ist
laut Umfrage der Bundesanstalt für Arbeitsschutz, dass die ge-
stellten Aufgaben in der vorgegebenen Zeit nicht zu schaffen
seien. Daraus lassen sich, wenn man mag, eine Million potenti-
elle Vollzeitstellen errechnen. Es lassen sich auch Fragen zur

Qualifikation, zur Führung, zur Arbeitsorganisation und Gesundheit des Arbeitsplatzes daraus ableiten. Auch dürfen wir die Aussage »Armut ist weiblich« ergänzen um eine ebenso griffige: »Krankheit ist männlich«. Zwischen beiden steht eine reiche Welt aus wirklichen Schicksalen, denen kein sozio-naturalistisches Gendern sondern nur der Geist der Gerechtigkeit hilft. Aus der Verknüpfung des Eigenwertes jedes Einzelnen kann die kranke Verteilungslogik gesunden.

Keine Frage, Vielfalt und Widersprüche gehören zu einem lebendigen und lernenden System. Sie lassen es atmen, dürfen aber nicht maßgeblich werden, indem sie den Ton angeben, der alles durchdringt. Diese Zentrifugalkräfte steuern nicht, sondern wollen eingebettet, dirigiert und reguliert werden.

Die Demokratie, wie wir sie verstehen, hat nichts mit Selbstverwirklichung zu tun. Sie lebt davon, dass wir uns als mitverantwortlich verstehen und an allem, was im politischen Raum stattfindet, aktiven Anteil nehmen. Wir können das nicht auf Repräsentanten abwälzen und uns politisch in die innere Migration wenden, in die Erwartung an andere, in den Konsum, ins Gemecker, in selbstzufriedene Unterhaltung. Denn wen sollen sie denn repräsentieren, ohne meine Mitarbeit, wenn ich nicht vorkomme?

Bei allem Ekel: Die anbiedernden Metaphern aus dem Bereich des Sports, in Politik und Kommerz, können die starke und treffende Bildkraft des Mannschaftssports nicht zerstören. Sie führt uns das Wesen der Arbeit als kreatives Zusammenwirken Einzelner zu etwas Einmaligem vor Augen. Der Ablauf eines gesunden Ganzen speist sich über weitere Etappen aus der Vorbereitung, Einstellung und Anstrengung, der Regelhaftigkeit, Leistung und Strategie, dem gemeinsamen Ziel der eingespielten Kommunikation und dem laufenden Lernen. Es kommt weniger auf die Definition des Ziels an (zu gewinnen oder symbolische Preise zu produzieren) als auf das innere Erleben, es zu verfolgen: die Arbeit in Freude, mit Schmerz und Lust, durch Ekstase und Frustration; das zielbewusste Ausspielen der Rollen und Positionen; das Wogen des Zusammenspielens, in dem die akute Aufmerksamkeit immer neu gefordert wird. Die wechselnden Hierarchien, das durchlaufende Vernetzen zu robuster Struktur und das Auflösen jeglicher Statik: So stimmt alles zum rhythmisch-rundlaufenden Fluss der Bewegung zusammen, zu der Art von Ordnung, die wir gesund nennen. Dies gelingt, weil es im Wesen des Menschen liegt, Wertschöpfung kooperativ zu veredeln. Das Ganze ist als Mehrwert dadurch weit mehr – und etwas ganz anderes als die Summe der Teilnehmer.

5.4 Libretto

Woher kommt das, woher wissen wir davon? Dass es so ist und so geht? Das Spiel ist mit uns gegeben, einfach da, als das Vermögen etwas Neues zu entwerfen, etwas Eigenes unter anderen zu machen – und es so zu meinen. Das ist der Mensch, nicht der ungefiederte Zweibeiner. Die Bedeutung der Kindheit ist nicht hoch genug zu schätzen, doch das wissen wir ja hinlänglich. Fraglich ist allerdings, wie wir da wieder herankommen, was es für uns bedeutet, sich die ursprüngliche, alles vergessende Kultur des allmächtigen Spiels wieder anzueignen. Eigentlich kann es nicht gelingen, es ist vorbei. Aber doch: Wie lernen wir daraus, und was?

Viel Interpretation hängt an einer Ideologie des Noch-Nicht-Seins oder an konzeptuellen Zugängen, an idealisierten Vorstellungen einer moralisch ›unschuldigen‹, vorpubertären Schlichtform des Menschseins. All diese verharmlosenden oder distanzierenden Vorstellungen projizieren Wünsche, Traumata oder Klischees auf den jungen Menschen.

Im Rahmen des Integritätsplans brauchen wir davon nichts wissen zu wollen. Es taugt dazu, die Kind-Gewesenen besser zu verstehen, führt aber vom Besonderen des Kind-Seins ab. Es verstellt uns den Weg zu dem, was das Kind in uns und für uns heute bedeuten kann. Das Kind ist die früheste Gestalt des Menschen in seiner Mitte, da es eben in unserer Welt ankommt. Es steht schwankend, hat gerade gelernt zu laufen; sein ganzes Sinnen und Trachten strebt wie im Pendeln danach, seinen Weg zu finden, die Welt anzunehmen, sie hinzunehmen als den eigenartigen Ort, an dem sein Inneres mit dem Äußeren zusammenkommt. Es kennt noch keine Interessen außer den eigenen, die es aber nicht weiß oder nennt. Es wendet sich ganz, im vollen wachen Ernst jeder Regung zu, ohne nach wichtig und unwichtig zu unterscheiden, unbedarft nach der Gegebenheit. Aus diesem katzenartigen Erleben, Aussein, Wahrnehmen, aus der wachsenden Erfahrung der eigenen Bedürfnisse wird ein Kontinuum gewebt, schutzlos und total, den ganzen Raum des Hier und Jetzt mit offener Nacktheit ausfüllend. So bildet es die Aufmerksamkeit, indem es sie beansprucht. Wie Münchhausen sich aus dem Sumpf zieht, so zieht das Kind sich aus der reinen Freude in diesen hinein.

Daran ist nichts gut oder wahr oder schlecht oder falsch. Es ist, wie es ist. Das ist gesund. So spricht die Gesundheit im Kern zu uns: gestalte!

Daran ist auch nichts erwachsen, nicht einmal das Als-Ob. Wenn wir es *oh wie süß* verniedlichen, verdingen wir das Kind und verwandeln es in kümmerliche Bedürftigkeit ohne eigene Größe; wenn wir es missachten, verkümmert unser eigenes Bedürfnis nach Größe. Ein besonders infamer Weg, das Kind-Sein zu vernichten oder, schlimmer noch, es zu missbrauchen, liegt in seiner Sexualisierung durch uns: die Fantasielosen, die Moralisten und die Geilen. Von außen, indem wir die Genesis als Reproduktion begreifen, also auf eine produktionsorientierte Interpretation der Fortpflanzung reduzieren, ohne die Natur des Biologischen als geistkünstlich mit zu bedenken. So bleiben animierte Zellhaufen und rekombinierte Algorithmen; das Binäre des übergehenden Lebens ist durch keine Sprache zu teilen. Und von innen, weil das Erleben der sich bildenden Geschlechtlichkeit zwar zum Kind gehört, sie aber etwas ganz anderes für es bedeutet als für uns darin Gesetzte: Kinder kennen keinen Sex.

Das Kind ist die Begegnung des Geistes mit seiner Welt, ihr Durchdringen und ihre wechselseitige Umformung, der Funke im Gebräu. Wir können es ebenso wenig nach unserem Bilde formen, wie der Baum seinen Keim zum Maß nimmt. Wir mögen aber versuchen uns zu erinnern, zu versenken darein, wie und was es einmal für uns war ehe wir Erfahrung und Begriffe daraus gewannen und uns mit Verstand auf den Weg machten.

Die angemessene Haltung ist nicht die, sich mit ihm gemein zu machen – denn dadurch wird das Kind gemein –, sondern die staunende, aufgeheiterte Ehrfurcht vor dem, was größer, freier, glücklicher ist; noch ungebunden, als dass wir es uns je anders erträumen können, als es selbst einmal gewesen zu sein und vielleicht dereinst wieder. Irgendwann also vor der süßen, klebrig sumpfigen Verstrickung und Dumpfheit, in die Erwachsene sich teils in Angst und Gier immer verzweifelter hinein strampeln, sich teils durch beharrliches Lernen hindurch- und herausarbeiten. Zurückhaltung, Distanz, Humor und Einfühlung bilden die Haltung der Liebe zum Kind und zu uns selbst als weiter Werdende. Dazu brauchen wir die rechten Begriffe, das Verständnis der Reihenfolge im Werden und eine Sprache, die den Verhältnissen gerecht wird, einfach: den Souverän der Kultivierung. Das ist die Voraussetzung für unsere erzieherische Autorität und Verantwortung in der Rolle als Eltern und Gesellschaft.

In unserer rationalisierten Welt der Überregulierung und irrationalen Ängste verstellen wir heute die Räume für das Spiel. Wir machen uns selbst krank. Sogar die kindlich-ernsteste der erwachsenen Tätigkeiten, die Wissenschaft, wird verengt, zugerichtet, abgesichert, des Spielerischen entkleidet und dem Eros des Selbstzwecks im Moment beraubt, durch Controlling und Zielplanung ganz in die Passform der Unfreiheit gezwungen. Was lehrt uns das ferne Echo der Kindheit? Ich weiß: andere Denkwege zu entwerfen, Wegmarken überrascht anders anzusehen, mehr auf das zu achten, was mir guttut, was gut ist. So kann ich mich verknüpfen und verflechten mit dem alten Wissen.

Sobald es sich nicht mehr von selbst versteht, früh will ich beginnen: zu erleben, möglichst erfolgreich zu sein, indem ich erfahre, wie Arbeit mit Erfolg innerlich verbunden ist, durch Freude führt und mich bereichert; will begreifen, was es heißt, etwas doppelt ›richtig‹ zu machen, indem ich sowohl mein Wollen auf das Richtige richte als auch richtig will: richtig, nicht halbherzig sondern gern auch durch Arbeit und Reibung, durch Quälerei, Bangen, Frust und Ärger. Nicht mit dem Kopf durch die Wand, aber an der Wand entlang bis sich Tür oder Fenster öffnen. So stärke, bewähre, entwickele ich mich und dehne mich aus, als lernende Sphäre.

5.5 Vorhang

Spinnen wir den Faden weiter, nehmen ihn auf für eine Stickerei oder ein Stück Klöppelwerk. Da füllen sich Strukturen, verdichten sich die Webfäden und der Schussfaden bildet Gestalten,

Muster erheben sich aus der Fläche. Wie lebendig erschafft das Gewebe Landschaften: erhabene Konturen, Farben, Muster, Fließen, Schatten und Schimmer. Die Bildformen figurieren ihr Thema, mit anderen wie unsichtbar verkettet. Was ich sehe, ist, worauf und wie ich achte, je nach Tiefe, Annäherung, Erwartung. Ich lobe dieses florale Ornament und jene Bildführung. Hier befremdet ein Detail, dort entspinnt sich die Geschichte. Einiges lässt sich kopieren, ab- und nachbilden, sogar herausschneiden, ablösen und retten aus einem verdorbenen Rest. Da mag eine Szenerie auf Wanderschaft gehen, ganz anders und andernorts wieder eingefügt werden und sich zum neuen Ausdruck verbinden.

So begreifen wir auch das Menschenbild. Es ist weit reicher an Facetten, tiefer an Voraussetzungen, unübersichtlicher an Weiterungen als die Orthodoxie der Leitmedien und Regulatoren es uns weismachen.

Wenn wir es aber denken und indem wir es verstehen, geht es nicht nur und nicht einmal vordringlich, um technische Details, um Machart oder Handwerk, rechtliche und moralische Beurteilung. Es geht auch nicht um die Interpretation der Geschichte, sondern vor allem darum, dass es im Moment gut tut. So wie der Faden, in ausholender Figuration durch den Raum greifend, geradewegs durch das Gewebe läuft; wie er von selbst aus der Hand geht als wäre das Gewirkte von Zauberhand oder mechanischer Finesse geschaffen und eben nicht nur in der Freude des alles entscheidenden Brechungswinkels – dieses ›Wie‹, dem das Technische ein Leitertritt zur Menschlichkeit ist. Ein gesunder Blick wirkt viel, an ihm hängt alles was wir aus dem Flickwerk machen. Denn er bildet die Räume in ihrer Anordnung und Wechselbeziehung. Dieser Blick sichert die Räume, öffnet und hegt ein, bremst und treibt, ermöglicht die Navigation in der Gestaltung meiner Lebenskultur, bugsiert den

Funkenregen meines Erlebens in den Rhythmus und Fluss der Einheit meiner Erfahrung.

So verhält es sich mit dem Ganzen des Menschen, wenn wir ihn mit Blick auf seine ›Organe‹ ansprechen. Gehen wir gesund mit unserer Leiblichkeit um? Tun wir uns etwas Gutes, indem wir uns pflegen, nähren, ansehen? Blut, Herz, Galle – das sind ja mehr als Symbole und Metaphern laienhafter Bildsprache; auch mehr als Organisationseinheiten, die unseren Körper auf bestimmte Weise funktionieren lassen. Sie sind nicht nur verstrickt, sondern selbst, aus eigenem Recht, eigensinnig verwoben. Sie treten hervor als Verknüpfung und Knotenpunkt des pulsierenden Webwerks, das ich bin. Sie strukturieren und positionieren die Proportion, die Relation und die Einbettung meiner Gestalt.

So können wir die Organe aus der Umklammerung des Vagen oder Reduzierten lösen und sie weitläufig zum *Thema* machen. Sie erzählen Geschichten unseres Lebens, ihre Bedeutung ist mit unserem sozialen Umfeld innig verbunden. Die Kapitel korrespondieren mit einander, sind so komponiert, dass sie durch ihren roten Faden als ein Organismus zusammenstimmen mögen, der ›Ich‹ sagen kann.

Wie soll man da eine wahre klare allgemein gültige Meinung haben können? Ja, wir können Organe isolieren, abtrennen und entnehmen; sie aufbewahren, neu einbetten und verbinden, das ist eine hohe Kunst. All dies sind allerdings im Kern geistige Akte, die aus dem Übergang eine Übergabe machen. Sie verlangen, dass wir Abschied nehmen, trauern und fest die Absicht verfolgen, uns selbst hinzugeben – denn meine Gabe wird dadurch zum Du – oder eben doch frei Nein sagen zu können. Wir bestehen ja nicht aus Abfall oder Legosteinen. Da ist nichts aufzurechnen, wir schulden einander nichts von unserem Leib, nur Achtung und Mitleid. Wenn ich gebe, dann frei von Kalkül und im Sinne der Freude: Lebensfreude, Freude zu spenden, freudig sein zu lassen; in Würde.

Das ist der Rahmen, der jedes Handeln bestimmt, sei es gesetzliches, wirtschaftliches, ärztliches oder bürgerliches. Unsere Verfassung ist da klar und deutlich. Sie installiert den Nukleus eines pro-aktiven Kultivierungsprogramms in unser Gemeinwesen, von der Weltgemeinschaft verordnet, auf dass endlich Frieden und Würde von Deutschland ausgehen könne.

Im Gegenlicht zeigt sich die Feigheit und Inkompetenz unserer wohlbestallten staatlichen Wächterinstanzen, wenn es um massivste Übergriffe gegen die Grundrechte Wehrloser in der Komplizenschaft mit kriminellen Bürgern und zynischen Regimen geht. Hier wird bezeichnenderweise nicht zwischen politischen Systemen unterschieden: Handeln wir nicht gegen die Fortschreibung von Barbarei wie im Falle des euphemistisch als ›Todesstrafe‹ titulierten Alptraums staatlicher Willkür oder gegen die Selbstverstümmelung des Rechtsstaatsgedankens in Guantanamo Bay? Wir nehmen seit 50 Jahren aktiv Teil an der weltweiten industriellen Produktion und Tötung menschlicher Embryonen zur Wunscherfüllung von Leuten, die sich als ›Ärzte‹, ›Wissenschaftler‹ oder ›Eltern‹ bezeichnen, indem sie die Grundlagen der Ehrfurcht vor der Zeit, der Schonung und der Widerständigkeit, die das Leben verlangt, einfach großspurig mit Füßen treten; schlicht, weil wir sie lassen.

Dies gipfelt in der Bestialität der ›Leihmutterschaft‹ genannten Tateinheit von Versklavung, Missbrauch, Körperverletzung, Organ- und Menschenhandel: einem namenlosen Verbrechen, zuerst gegenüber den auf diese brutalstmögliche Weise in die Welt gezerrten Kindern. Solche ›Toleranz‹ üben wir nicht gegenüber ideologischen Feindbildern, gegen willkürlich aufgespießte Gelegenheitsprobleme wie die Manipulation von Um-

weltmesswerten oder die bizarren Seifenblasen des zynisch-ra-
tionalen Marketings gewisser politischer Parteien. Dann regen
wir uns gern richtig auf. Das kostet uns weder richtige Gründe
noch richtiges Tun.

Der opportunistische moralische Großmut unseres Wut-
bürgertums ist in Wahrheit peinlichst klügelnde Kleingeisterei.
Wo ist denn die Größe unseres Überblicks, wo die Proportion
von Aufregung und Engagement, wo der Sinn für Zusammenhang von Ursache und Wirkung, wo bilanzieren wir Schuld und
Kredit unserer Privilegien? Sind wir wirklich so schwach, dass
wir uns eine eindeutige moralische Positionierung jenseits billi-
ger Worte nicht leisten können? Was haben wir zu verlieren,
wenn wir weltöffentlich und aktiv diplomatisch für Klarheit
und Wahrheit eintreten? Fürchten wir, unsere Doppelstandards
kämen zu Tage? Oder die Unfähigkeit zu sein, was wir zu sein
glauben?

Übler nur ist die Selbstgerechtigkeit, mit der unsere ange-
legentlichen Empörungsdiskurse sich mit diesem Kern unser aller Schicksals nicht beschäftigen. Die etablierten Institutionen
moralischer Kritik, seien es die Kirchen, die Öffentlichen, Ge-
werkschaften oder Fachverbände, disqualifizieren sich selbst,
da sie ihre Positionen im Geist des 19. und 20. Jahrhunderts vor-
bringen oder nicht einmal vorgeben, an mehr als kurzlebigen
Klicks interessiert zu sein – um ganz hilflos vor der frivolen In-
famie der effizienzbesoffenen Schaumschlägerei des globalen
Kommerzes zu kapitulieren. Mit routinierter Verve empört sich
ein Funktionär gegen eine Wertstellung der Arbeit, die ›nur auf
Profit aus‹ ist, nachdem man es über Jahrzehnte selbst versäumt
hat eine alternative Matrix für den Wert von Arbeit zu etablieren. Der Polemik gegen die Neidmotivation kann man damit
schwerlich begegnen. Nicht einmal im Anmaßen unseres

menschlichen Kleides lassen wir Augenmaß walten. Sonst wäre Profit eine Funktion des Gerechten.

Der Schaden an der Grundlage unserer humanen Kultur, in jedem einzelnen Betroffenen, ist so subtil wie verheerend. Der aktive Einsatz gegen derartige Routinen (besonders wenn sie staatlich organisiert, also rechtlich fassbar sind) ist nicht weniger dringlich als der gegen Atomwaffen, Genitalverstümmelung oder Monokultur. Das Thema fristet aber ein Nischendasein. Es liegt uns wohl zu nahe.

Diese Verwahrlosung des moralischen Kompasses unserer Kultur auf den Gebieten des inneren und äußeren Rechts ist sträflich. Mit welchem Argument können wir für unser Modell werben, wenn Länder wie China, Indien oder Ägypten sich einmal auf eine aufgeklärt humanistische Teleologie einlassen wollen? Stehen wir nicht im Erbe einer ganzheitlich sozial, biologisch und psychologisch begründeten Gesundheitskultur? Da wir dieses Erbe in der Praxis offenbar nicht einmal selbst wertschätzen, verstehen, schützen oder vermitteln können, bleibt jenen nur eine Wahl, das Rad der politischen Gerechtigkeit selbst neu zu erfinden oder gleich offen und intelligent auf dem nackten Boden der Realpolitik zu operieren.

Integrität verlangt das Richtige aus den richtigen Gründen zu tun. Organtransplantation kann etwas ›Gesundes‹ sein oder werden, wenn ein System von abgestimmten inneren und äußeren Voraussetzungen es dabei von Grund auf unterstützt. Die vornehmste Pflicht ist es, alles zu tun, den Bedarf zu vermeiden – durch Anreize für Gesundheit, Maß und Verantwortung. Dann ist es überhaupt denkbar, dass hier etwas ›Richtiges‹ getan werden kann. Ob es dafür überhaupt richtige Gründe geben kann, hängt ganz von der Konfiguration des Falls ab: Frei und selbstlos zu geben, ist leichter gesagt als getan. Das mag aber ebenso vorkommen, wie der typischerweise durch einen Unfall verursachte und damit nicht verantwortete Bedarf. Ein robustes, ärztlich organisiertes Gesundheitswesen, in dem dies als Routine behandelt werden kann, wäre hochgradig anfällig für Missbrauch und Missmanagement. Bei Blut und anderen regenerativen oder reduktionsfähigen Organen können wir es gleichwohl nicht nur denken, sondern sogar idealtypisch möglich machen. Hier ist allerdings die anarchische Spontaneität die Basis, die sich ebenso wenig vorschreiben lässt wie der Unfall. Von einem guten System zu reden, hat dann etwas Ironisches: es hängt ja nicht von seiner generischen Gestalt ab, sondern von den Impulsen des Wollens, die es mit Qualität versorgen und so erst als deren Ausdruck legitimieren.

Schon auf den ersten Blick ist klar, dass ein kommerzieller Markt, in dem ›Organe‹ als disponible biotische Artefakte und nach externen objektiven Wertsymbolen standardisiert und bestimmt werden, kein derartiges System abgeben kann. Jeder gewerbliche Zugriff auf ein Organ, sei es im entgeltlich organisierten Markt medizinischen Materials oder im privatrechtlichen Handel mit Organen, installiert an der Stelle der Selbstbestimmung die Unterwerfung unter eine abstrakte Instanz, die völlig auf den Zufällen der jeweiligen Verhältnisse steht: Deutungsmacht, wirtschaftlich-technischer Handlungskompetenz und Verfügungsgewalt.

Dies ist fatal – nicht nur aus den allseits bekannten Gründen wie Ungerechtigkeit, Unklarheit, Gesundheitsrisiken und Rechtssicherheit. Noch vor diesen moralischen und sozialen aber auch vielen weiteren kulturellen Argumenten steht die anthropologische Wahrheit, dass Organe eben nicht das sind, was ihre Metaphorik uns suggerieren will – sei es im Bild altchinesischer Organdarstellungen als quasi-staatliche Ordnungsfunktion oder als biotische Module im naturwissenschaftlichtechnischen Narrativ. Der Wert eines Organs kann nicht abstrakt symbolisch beziffert werden. Die Sache selbst ist eben nicht generisch, nur der Begriff, den wir uns von ihr machen. Denn die Bedeutung dieser Gewerke als funktionelle Gewebeeinheiten geht nicht in ihren augenfälligen Funktionen auf. Sie ist nicht nur Bedeutung, sondern verweist zugleich auf ihren Sinn, durch den sie existentiell bestimmt wird: auf mich selbst. Die Aufgabe des Organischen im Menschen geht über die Summe der Gewerke weit hinaus. Sie liegt darin, die Arbeit des Menschseins zu nähren, sie zu erfüllen und weiter zu bereichern. Ihr Zusammenspiel verwirklicht sich in Bewegung, Wärme, Potenz, Erfahrung, Handeln und Kultur. Das Funktionieren selbst gibt Einblicke in die Maschinerie, die uns aber nicht vom Eigentlichen ablenken sollen, auch wenn es faszinierend ist, Rhythmus und Stampfen des Pulses zu betrachten. Wir wollen uns ja nicht an abwegigen Metaphern verspielen, bleiben konkret im Gegebenen. Physische Organe sind die natürliche Grundlage für lebendige Personen zu handeln; dagegen bedürfen juristische Personen ›Organen‹ im rechtlichen Sinne, um als Handelnde in Entscheidung treten zu können. Entscheidend ist also auch hier die Verantwortung des Einzelnen, da juristische Organe an zurechnungsfähige Menschen gebunden sind.

So gestalten wir unsere Kultivierung, indem wir die Kausalität und Prioritäten nach menschlichem Maß und vernünftiger Einsicht austarieren. Erst wenn alle Voraussetzungen gegeben sind, wenn Wissen, Wollen und Raumstruktur in ihren Verhältnissen adäquat proportional angeordnet und abgestimmt sind, wenn Dienst und Gabe in einem Guss laufen, kann von einer ›Organspende‹ im einfachen, ehrlichen Sinn des Wortes die Rede sein. Nur dann kann sie etwas Gutes und Gesundes werden, weil es nun nicht mehr auf den Stoff ankommt. Diese Bereitschaft das Muster zu teilen, ist der konzentrierte Wille selbstlos zu helfen. Er ist bei weitem mehr (und anderes) wert als es jegliche medizinische oder marktmechanische Preisbildung jemals ausdrücken könnte. Dieser Wille ist, was seinen Handlungserfolg angeht, zufällig. Ich kann irren und getäuscht werden. In seinen Mitteln verwandelt er sich in Verstehen. Freude und Liebe wird zum Wort, das Leben zeugt. Gerade das zeigt, worauf es ankommt.

Hier stehen also nicht die äußeren Einflüsse im Mittelpunkt, auch wenn sie aus der Perspektive des Handelnden den Raum mit strukturieren. Die Qualität bringen nicht sie ins Spiel.

Im Rahmen einer Gestaltung des Leibes, die auf Gesundheit aus ist, ordnen sich ästhetische oder weiter reichende Optimierungswünsche der Funktionalität der Arbeit mit dem Gegebenen unter. Die Fixierung auf einseitige körperliche Leistungssteigerung führt zur Akromegalie des Herzens, kippt die Balance der Selbstkultivierung, macht uns klein und hart. Keine Alternative ist die einseitige Übung intellektueller oder kognitiver Fähigkeiten, die auf Kosten des proportionalen Wachsens mit allen Sinnen geht; eine nekrophile Hydrocephalie verliert den Kontakt zur blutigen Wirklichkeit. Beides sind Abweichungen vom Ebenmaß der Mitte. Mit der genannten Ausnahme von Unfallfolgen kann man zuversichtlich sagen: Als Mensch nehme ich meine einzigartige Schönheit und Gesundheit an wie ich sie finde. Ich arbeite mit dem, was ich habe, und strebe an zu werden, was ich bin.

5.6 Apotheose

Unser Sprachgebrauch erfindet Dramen: Er vermittelt einen Hang zur Übersteigerung. Geist und Stoff, Wort und Tat gehören ja in eins, sind in dieser Welt zusammen verwoben. Wenn ich ihren jeweiligen Eigenwillen in den Blick nehme, dann nicht, um diese Wirklichkeit durch eine Wahrheit zu ersetzen – da erscheint sofort die Konkurrenz und an die Stelle des erotischen Ausdruckstanzes tritt der Balzkampf, denn »es kann nur eine geben«. Die Integrität hält die Kraft das Fliehens und die der einstürzenden Singularität in einer Spannung, die uns weiterbringt. So erweist sich Integrität als Gegenbild zur metaphysischen Reinheit. Sie integriert Vielfalt, transformiert den Widerspruch, bewegt die Ruhe. Sie erlaubt uns eine eigene Haltung zur Klarheit, zum Prinzipiellen und zum Wandel. Integrität bringt Diversität in Ordnungs- und Sinnzusammenhänge. Da die Komponenten der Vielfalt jeweils für ein Potential stehen, kann die Faustregel gelten: Vielfalt (der Arten, der Möglichkeiten und der Kombinationen – nichts davon ist ›rein‹, manchmal aber echt) ist von Grund auf schützenswert. Sie ist auch ein Rohstoff, der bearbeitet und kultiviert werden will.

Das gilt auch für den Ausdruck der Bedeutung. Kluges Arrangement erlaubt keinen Widerspruch entstehen zu lassen: Wichtiger als konventionelle Schärfe der Worte ist Bedeutung des Erlebens und die Klarheit der Vorstellung. Sonst ersetzt die scharfe Geste des Vermeinten den eigenen subjektiven und sachlichen Wert des Gesagten. Solches Etikettieren erweckt leicht den Anschein einer Gewissheit, die allenfalls prätentiös ist. Alles gehört aber mit hinein, wohl: Erleben, Anschauung. »Doch ein Begriff muss bei dem Worte sein«. Sonst sagt der Meister: Gestattet uns die Bequemlichkeit, Worte einzustellen, wo Begriffe fehlen, daraus irrlichternde Systeme zu bereiten, um Nichtigkeit zu streiten und als Null zu leben.

Diese Zeiten, in denen zunehmend virtuell ›erlebt‹ wird, wo Übergänge von eigener und fremder, gedachter und gemachter Erfahrung sich auflösen und unsere großen Geschichten kulturell beliebig sind, geben uns das Arbeitsprogramm auf die Hand. Es wird uns entweder den kulturellen Ruck gelingen lassen oder vor die Wahl stellen, selbst wieder zum bestialischen Sumpf zu werden oder als eine von dessen Gärungsblasen zu verpuffen.

Es geht allerdings nicht um das abstrakte Potential – weder in seinen pfadabhängigen Folgen noch in seinen Wechselwirkungen –, sondern um die konkrete Leistung. Menschlichkeit gesund auszugestalten: So bilde ich eine Kette vernetzter Mikroentscheidungen, aus den richtigen Gründen das Richtige zu tun.

Hierbei leitet das Bewusstsein der Zeitlichkeit, geformt als Vorsorge, Übersicht, Geduld: wenn wir erst bei Bedarf nach Gesundheit fragen, ist der Normalfall, samt seiner Ressourcen und Spielräume, bereits vergeudet. Wir können dann zunächst nur hektisch reparieren, kurzfristig, oder rehabilitieren. Das hängt aber vom Ausmaß des Schadens, den Mitteln und der Unterstützung der Umwelt ab. Aus legerer Gestaltung in großen Zügen wird ein krampfhafter Aktionismus. Aus einem Selbstzweck, nämlich dem Prozess der eigenen Lebensgestaltung in Freude und Verantwortung, wird ein technisch-ökonomisches Funktionieren-Müssen.

So ist die Frage nach der gesunden Lebensführung zwar noch nicht eine ethische von Ansprüchen gegen mich selbst oder eine rechtliche von Anrechten gegenüber Anderen, wohl aber eine der Klugheit der Eigenverantwortung, mit der ich diese verknüpfe. Klug ist hier die Einsicht in den Eigenwert dessen, was ich von mir aus bin. Das Gesunde diesseits der Standards und Wünsche.

Im Anfang der Integrität steht der geistige Mensch mit dem Willen, seine Geschichte selbst zu schreiben, als Autor des eigenen Lebens sich selbst aus eigener Vollmacht zu verstehen. Ich bin frei zu bestimmen, wie und ob ich mein Menschsein einem bestimmten Verständnis des Leibes unterwerfe. In welchen Begriffen ich mich fasse: als ausgedehnter, sich ausdrückender Leib; als reflektierter Mensch, als automatisierte Materie, als Werkstück... Die gebundene Offenheit des Integritätsplans legt nahe: Ich verstehe mich als anthropologischen Fluss des Erlebens, der fortlaufend lernenden oder Erfahrung verarbeitenden Kulturkörper, als Biographie.

Dies gibt mir die souveräne, distanzierte und wohlwollende Grundhaltung gegenüber den konkreten Strategien meines gesunden Lebens. Ich kann Vertrauen in die Medizin setzen und begrenzen; Vertrauen ins Kliniksystem qualifizieren und Vertrauenswürdigkeit einfordern; Vertrauen in die Sicherungsmaßnahmen geben und entziehen. So ertüchtige ich mich als Resonanzboden, um mündig Reduktionismus, Korruption, Schlamperei, technischem Versagen, Ungerechtigkeit und Übergriffen zu begegnen; emotionale, psychologische, spirituelle, rationale Vorbehalte zu erleben und zum Sprechen zu bringen.

Erst hier trete ich in die Kaskade der in einander greifenden Qualitätsmomente ein, durch die der Akt, die Regel, die Institution der Gesundheit etwas Wirkliches und Belastbares bedeuten. So kann ich mich dann vielleicht sogar auf einen Organspenderausweis einlassen, indem man mir erlaubt, mich vom Abstrakten zum Konkreten zu verstehen, vom unförmigen ›Ihr‹ über das erlebte ›Du‹ zum souveränen ›Ich‹.

Zwischenspiel

Ich trete aus dem Tor. Der böse Wind pfeift mich an.

Hart. Kalt. Unnachgiebig. Er frisst sich gleich, mit klirrenden Fängen, an mein Herz.

Der Wind haucht nicht, er kracht und knirscht, wie er schmatzt.

Der Wind des Bösen versteht sich auf eines: aufzuhalten. So soll ich werden. Krampf dich zusammen, igele dich ein, wehre ab, erstarre und verweigere dich dem Fluss des Lebens.

Freude gibt es nicht. Der Schmerz ist deine Kompassnadel; mit ihm verstehst du alles, was ich dir sage, aus Furcht.

Teile dich und wappne dich, auf dass ich dich beherrsche.

Nein. Ich gehorche nicht, werde nicht erstarren, mich nicht verhärten!

Ich öffne mich, mein Herz, meine Haut, meinen Geist.

Lasse ihn. Lasse es passieren.

Und lache. Ich lache, lache, lache.

6 Raum der Integrität: Anerkennung oder Gehorsam

Warum soll ich das Richtige tun? Wenn ich weiß, worin es besteht, wozu dann noch auf die Gründe gehen? Es spricht doch für sich. Die Gründe sind nicht gut, weil sie wahr sind, sondern weil sie durch mich wirklich werden können. Ja, es kommt auf mich an. Weil es auf jemanden ankommt, der Gründe haben kann. Ich nehme mich ihrer an, mache sie mir zu eigen. So werden sie meine, nicht irgendwelche abstrakten hypothetischen Leitsätze.

Die Resonanz meiner Position kann eine der einander entgegenlaufenden Qualitäten annehmen: Stimme ich aus mir heraus mit dem zusammen, was ich tun soll, dann gehört mir die Welt. Oder ich lasse mich einfach mitschwingen in der verzagten Hoffnung, meine eigene Tonlage falle nicht ins Gewicht, solange ich nur gehorche und wie vorgegeben antworte?

6.1 Gute Arbeit

Darf ich denn das Spiel anerkennen und mich dadurch zu seinem und es mir zu eigen machen? Diese ›Adhärenz‹ macht mich und das Spiel größer, vollständig: zu einem Kraftwerk der guten, kreativen Entwicklung. Aller Wert fließt in die Arbeit, nichts geht in Kompensation verloren. Wir wirken zusammen, ohne dass dadurch Schaden entsteht; wir teilen die Arbeit, sodass sie einen Strom der Wertschöpfung ernährt. Durch mein Zutun entstehen Gesichtswinkel, Szenarien, Optionen; mein Ein-Schwingen ergänzt den Rhythmus, wir laufen in einer Phase orchestrierter Klangbildung. Mein Atmen erweitert den Raum, mein Lernen füllt ihn aus. Das ist am Arbeitsplatz ebenso wichtig wie in meiner Lebensgemeinschaft. Es regelt sich wie von selbst. Wo das im Ansatz nicht gelingt, hilft auch kein Anschein von Anerkennung; dieser Weg biegt just in die Lüge ab – was hilft ist zu lernen und umzusteuern.

Gehorsam dagegen ist Ausdruck davon, dass es nicht auf mich ankommt. Bin ich Kanonenfutter im Heer, irgendein Lohnprolet, ein Muttertier, dann erfülle ich meinen Dienst, aber ich diene nicht, ›ich‹ nütze. Weil ich in der Logik industrieller Massenproduktion auf meine Kennzahl, mein abstrakt Identifizierbares reduziert bin, also auf das, was übrigbleibt, wenn alles, was mich ausmacht, abgezogen worden ist. Die Spur meines Lebens ohne dessen Geschichte.

Sobald ich definiert werde und in der Definition aufgehe – sei es durch Deutungsansprüche der Wissenschaft oder Übergriffe von Staat und Gesellschaft, sei es, weil ich mich damit identifiziere oder denen glaube, die mich zum Konsumtier abstempeln oder weil ich mich einfach wie ferngesteuert verhalte –, werde ich durch das nackte Lohngefüge zu einer Nullsumme; ohne Wert, denn meine Arbeit ist durch Entfremdung enteignet. Ein System, das dies von mir verlangt, kann nicht produktiv sein, auch wenn es macht und herstellt; es kann nicht innovativ sein, auch wenn es Neues projiziert und etikettiert und wichtigtuerisch bunten Schaum aufschlägt; es kann keine Loyalität begründen, auch wenn es mit Glückskeksen reizt und mit Ausgrenzung droht.

›Compliance‹ ist der Inbegriff des Misstrauens, des uneigentlichen Wollens; es erzeugt als selbsterfüllende Prophetie Misstrauen und die Gründe dafür, einander zu überwachen; Verhaltenskontrollen und Zielvorgaben anstelle von Qualitätsstandards. Um zu überleben, muss ich dann die Lüge belügen, ich muss meine Kompetenz und Kraft darin legen, mich gegen Übergriffe auf meine Kompetenz zu schützen, zu täuschen, andere und letztlich mich selbst. Wieder ist der Forschungsbetrieb hierfür das ironische Modell: Der ökonomische Zwang, irgendwelche Daten zu publizieren, hat den wissenschaftlichen Selbstzweck, solides Wissen zu schaffen, überformt. Auch das ist schon lange offenbar; die astronomische Dimension des Schadens ist sogar beziffert und ausbuchstabiert. Aber wir tun nichts gegen die Vermüllung unserer Wertgrundlagen.

Dienst nach Vorschrift in Anstellungsverhältnissen ist das banalere Alltagsmodell: Von wem wird erwartet, wer erwartet von sich selbst und formuliert das entsprechend gegenüber den Kollegen und Vorgesetzten, nach seiner Kompetenz mitzudenken, sich einzubringen, Lernprozesse anzustoßen, um dem Zweck des Unternehmens oder der Behörde besser gerecht zu werden? Wie ist das Verhältnis der Kreativität und Energie, die dafür eingesetzt wird, relativ zu dem für Vermeidung und Verschleierung, für Intrigen und innere Migration?

6.2 Wertgehalt

Ich verlange noch nicht einmal, dass man mich dafür belohnt, ohne Zwang und Kontrolle das Richtige zu tun, so gut ich es verstehe. Ich will nur nicht dafür bestraft werden. Die Freude an der eigenen Arbeit ist Wert für mich und alle. Diese Strafe ist der große Witz unserer Ökonomie.

Für mich selbst, meinen kleinen eigenen Willen, ist dies aber gröbstes Leid: Vergewaltigung, Verstümmelung, Entfremdung. Das große Versprechen, auf dem unsere Arbeitsökonomie beruht, ist: Jeder solle und könne das Seine nach den eigenen Möglichkeiten einbringen und werde, jenseits pekuniärer Abgeltung, für den Wert der Arbeit sozial honoriert. Das Minimum ist, es mir nicht schwer oder unmöglich zu machen, das Richtige tun zu wollen. Wenn das nicht die Regel ist, sondern die Perversion zum System wird – bspw. durch die Ersetzung von Honorar durch Lohn, von Arbeit durch dokumentierte Zeitvermessung und von qualitativer Arbeitsteilung durch korporativen Autismus –, wird die Verschwendung des Menschlichen endemisch.

Der Kern eines humanen Arbeitslebens ist, am Ursprung anzusetzen: Meine Wertschöpfung beginnt dort, wo nur ich selbst hinsehen kann, wo ich ganz bei mir und mit mir allein bin. Wo ich bestimme, was ehrlich ist und wofür ich Verantwortung trage; wo ich ganz mit meinem moralischen, professionellen, sozialen Gewissen allein bin. Die Art und Weise, wie wir die Regeln einhalten, die für Qualität und Vertrauenswürdigkeit sorgen sollen, trägt kumulativ und qualitativ zu der Kultur bei, in der wir Praxis organisieren.

Von entscheidender Bedeutung ist hierbei die planvolle Gestaltung der Umstände, warum Regeln eingehalten werden und werden können – nicht nur, ob sie auch gegebenenfalls eingehalten werden. Nicht erst seitdem wir den Ungeist des Kasernenhofs – außerhalb des schulischen und amtlichen Anstaltswesens – abgeschafft haben, geben wir nichts mehr auf das bloße Befolgen einer Weisung, das blinde Ausführen von Bestimmungen, die reflexhafte Unterwerfung unter Machthaberei. Legitimität und Funktionalität hängen unmittelbar an der aktiven Zustimmung zum System, dem sie angehören. Duckmäusern ist nichts anderes als eine Form der Verweigerung, wie Boykott, Sabotage oder Betrug. Ein ›Betrieb‹, der Wert hat, ermöglicht nicht bloß konforme Erfüllung (Compliance), sondern die polyforme Anhängerschaft, ›Anhaftung‹ (Adhärenz), die kleine Schwester der Verantwortung und Mutter des sozialen Bindegewebes. Denn Motivation durch die eigene Würde ist das Pendant zur organisationalen Resilienz. Zusammen schwingen sie und bilden den Raum der Integrität.

Unsere heutige Arbeitswelt läuft also aus der Spur. Unentschieden lavieren wir zwischen dem Sog der materiellen Vermassung im kommerziellen Konsum und dem Versprechen, die entfremdende Arbeit durch technischen Fortschritt zu überwinden, zwischen dem lächerlichen Homo Faber und dem absurden Homo Ludens. Das ist die Antiquiertheit des Menschen – danke Günther Stern. Die Lohnarbeit ist Ausdruck einer überkommenen Welt, die als Nährboden, aber nicht als Modell von Industrie 4.0 funktionieren mag. Der Mensch kann, darf und muss nicht mehr als Hardware benutzt werden, wenn wir unsere Technologie und unseren Geist angemessen zusammenführen. Selbst Illiteraten finden ihren Wert und Platz; einfach, weil sie als Menschen dazu angelegt sind. Das ist die Aufgabe und der Maßstab unseres Erfolges.

So gehen wir dazu über, unsere Denkbilder zu erweitern. Die Organisation von Arbeit erstickt Entwicklung, anstatt sie zu befördern, wenn sie nur redundant ist, sich auf ihre Innenperspektive beschränkt. Sie entfaltet ihre Fruchtbarkeit, den Keim des Nicht-Planbaren, wie von selbst erscheinenden Eigenbeitrages erst, wenn die Räume da sind: Raum um mein Handeln in seiner Resonanz zu verstehen, Raum für Perspektivenwechsel, Raum zum Reifen und Raum sich im Zusammenhang des Größeren zu denken. Wir verstehen unsere Position erst, indem wir die nächst höheren Komplexitätsstufen mitdenken, denn dadurch erhält unsere Arbeit ihren Sinn. Ich gewinne einen Begriff der Relationen und Proportionen meines Beitrags zum Ganzen. Ich lerne durch Rekursion auf das Muster des Bekannten, des Definierten, über dessen Bedingtheit, seine Offenheit für Neues und die dadurch schon gebrochene Routine. Das allgemeine Dienstprotokoll wird so zu meinem, in dem ich gefordert bin, eigene Spuren und Geschichte zu hinterlassen. Den Moment dieser Disruption mache ich nutzbar, als Urzeugung meines mikroskopischen, aber wertschöpfenden Beitrags. Zur Null gesellt sich die Eins: Die Bahn ist frei. Durch minimalste Entscheidungen und subtil in meiner Tonalität gefärbten Eingriffe sorge ich dafür, dass aus dem Betrieb als Industrieautomaten ein gesundes Ökosystem für Menschen wird. Alles kann daraus wachsen, schöpfen, sich nähren!

So orientiere ich mich in den Verhältnissen und sichere fortlaufend die eigene Kompetenz durch Verknüpfung und Entwicklung. Denn Kompetenz ist die Verbindung aus Routine mit Achtsamkeit.

6.3 Fehlsteuerung

Bleibt das Problem des ›Bösen‹. Es ergibt sich aus dem, was dem Guten, Gesunden entgegensteht: Als Haltung ist es das Erstarren, *rigor mortis*, am falschen Platz, nämlich im Leben. Denn im Lebendigen wirkt Kraft. Deren Regulation erfolgt in flexiblen Bahnen. Als Qualität ist es die Rigidität, das Eingesperrtsein der Kraft, die Stanzpresse, durch die alles freud- und fantasielos gleichgeschaltet wird, in den Modus des Schrumpfens, der Abwehr, des Vergehens.

Es funktioniert als kraftlose Gegengewalt zum ›Humor‹, dem Inbegriff des freudig sich selbst erhaltenden Erlebens, zu fließen, der Räume schafft und den Eigenwillen laufen lässt. Wie die Schwerkraft hat das Böse keinen eigenen Wert. Es ist stupide, zehrt vom Mut dessen, was fliegen kann. Das Böse kann nicht lassen. Nicht sein-lassen, nicht gehen-lassen, nicht los-lassen. Es kann nur einfassen, hindern, ablenken. Genau genommen ›kann‹ es gar nichts, es ist die Negation jeden Vermögens.

RAUM DER INTEGRITÄT 125

Das ›Böse‹ als Charakter ist eine pseudo-integrative Extension der banalen Rigidität im Kleinen. Er zeigt sich als Egoismus und Egozentrik, ob großspurig oder verzagt. Nie wagt er etwas, er saugt auf, was abfällt, ein Schwarzes Loch gegen das Menschliche.

Gerade in seiner individuellen Gestalt, der Furcht, Frustration, Feigheit und Bequemlichkeit liegt der Keim der selbst-verschuldeten Unmündigkeit, der sozialen Kälte und emotionalen Verkrüppelung. Was es uns übrig lässt, von den Trieben der Gestaltung, bringt uns nicht weiter. Wir sehen im Spiegel die kümmerlichen Grotesken, im halben Ansatz erschöpfte Schattenrisse unserer möglichen Gestalt, matter Hohn.

Kreist dieser Jammer nur um sich selbst, bewirkt er Schaden nur in seinem Umfeld und bei zufälliger, beiläufiger Berührung; greift es aber aus, in die Sphären der freien Entfaltung anderer, indem wir uns auf Abwege bringen lassen, dann zerstört das Böse frontal und wird persönlich.

Aber hat ein ›böser‹ Mensch ein Bewusstsein davon, böse zu sein? Will er sich selbst als ein Böser bestimmen? Das können wir nicht durch Explikation beantworten, nur explorativ. Denn der Böse sagt ja nichts, hält sich ganz zurück, gibt keine Resonanz, nur Verweigerung.

Der Moment, an dem das Leben in der Praxis unter mimetischen Gesten der Selbstbestimmung totfriert, in Angst, aus Gier, durch Ausgrenzung, hinter einer Wucherung aus dornigem Totholz verschwindet, ist nicht standardisierbar. Denn durch die Standardisierung als Abschluss, als symbolischer Schlusspunkt einer Gedankenbewegung zur Qualität, wird auch die letzte mögliche Einmischung des anarchischen Lebens abgetötet. Die Fremdbestimmung übernimmt dann vollständig und wohl unheilbar, saugt uns aus, als Vampir, der mich leidenschaftslos penetriert. Die kalte Stanze führt Regie.

Wir laden das Leben, die Bewegung und die heilende Liebe jedoch unausgesetzt ein, ihr Wunder zu wirken. Der Tod ist nicht böse, denn das Leben triumphiert immer: Es will und ihm fällt immer etwas Neues ein.

Zugleich verlassen wir uns auf die kalte, blinde Macht von Staat und Gesetz, um die destruktive Gewalt daran zu hindern, zu implodieren oder zu explodieren. Sie kann dies aus der Kraft der doppelten Verneinung: indem sie dem Bösen die eigene Blockade vorhält, unterbricht sie das negative Abebben des Flusses und bewirkt einen Zustand der Schwebe. Uns Menschen bleibt dazu immer die befreiende Macht des Lachens.

6.4 Der Gott der kleinen Dinge

Wie gehen wir dann mit diesem Spielverderber, in diesem Rahmen aus Kultur und Recht um, wenn wir uns nicht den knechtenden Bildern der Herrschaft metaphysischer Furcht unterwerfen? Der Widerspruch zu Integrität ist nicht Korruption, sondern Angst. Die Korruption, der Verfall ist nur eine der Folgen der Verneinung von Integrität. Angst ist die Qualität, die darin besteht, sich selbst abzuschließen, sich abzuwenden und die Welt zu verneinen, sich zu reduzieren auf ein nacktes, blindes Gefühl. Während die Furcht real, bewusst sein kann, eine menschliche Offenbarung wie im Fall des Grauens vor dem Abgrund des Nichts, das beim Hinsehen Erkenntnis stiftet, ist die Angst nur kümmerlich: unreif, voreilig, starren oder geschlossenen Auges die Arbeit an der Wirklichkeit verweigernd.

Im Integritätsplan aber steht es in großen Zügen: Ich integriere das Starre, nehme es an und auf, überforme es und ordne es im Milieu des Lebens neu. Ich bilde es um, kurz: Ich verdaue das Böse. Denn da es auch von mir ist, kann ich damit etwas

anfangen, indem ich ihm seinen Ort und Wert zuweise, es ein-
passe und unschädlich mache; damit es entweder verlacht oder
in Vergessenheit geraten kann. Dann bleibt es eine Episode im
Lernen.

Besonders wichtig ist es dabei, mich nicht selbst den Regeln, Interessen und Inhalten des bösen Spiels auszuliefern. Es
macht ja, vor allem, keine Freude, hart, verzagt, starr und kalt
zu sein. Die Beschreibung greift mich selbst nicht unmittelbar
an. Ich verstehe aber, wie sie in mir, für mich zur Gefahr werden
kann und wie ich mich dazu stelle: souverän.

Es sind die kleinen Momente, Mikroentscheidungen, in denen ich am ehesten um die Wahl weiß, die ich habe. Ich kann
den Abfallschnipsel aufsammeln oder ignorieren; die rote Ampel beachten, obwohl niemand um mich ist, oder drauflos gehen; das Licht in einem unbenutzten öffentlichen Raum löschen,
auch wenn ich dafür nichts bezahle oder bekomme; oder auf
mein Handy gucken; und so weiter. Keine dieser Entscheidungen ist in irgendeinem Sinne wichtig. Es sei denn wir achten auf
den winzigen Qualitätsfunken des Selbstzwecks in dem, was
wir als die ›richtige‹ Entscheidung verstanden haben. Wie die
Ladungspartikel in einem Eisenkern entweder in Unordnung
neutralisiert oder durch gemeinsame einsinnige Ausrichtung zu
einer starken polaren Kraft vereint werden, so bilden die win-
zigsten Haltungen, Wendungen, Setzungen in ihrer Gesamtheit
und über die Zeit meinen Charakter, stabilisieren mich als Lernenden im eigenen Kultivierungsfluss oder als böse Null.

Das ist alles andere als kleinkariert oder spießig. Es ist zugleich der grenzüberschreitende, bahnbrechende, alles öffnende
und befreiende Schritt: aus der Neigung, die wir zum Bösen wie
zur Schwerkraft haben, mit Hilfe des Hanges zum Guten, da wir
streben; indem ich etwas ›aus Pflicht‹ tue und mich nicht so verhalte als gehe es um die Opportunität des bloß Pflichtgemäßen.

So erkenne ich die Wirklichkeit, nicht nur die Wahrheit des Guten an.

Ich gebe mir also einen Ruck. Geben wir uns einen Ruck! Das schafft Raum und befreit das Atmen, setzt uns in Gang, auf die Spur. Wert und Wucht und Richtung des ›Rucks‹ ergeben sich, aus der Vielzahl kleiner Schritte, die ihn beim Bodenkontakt auslösen. Es sind die kleinsten Entscheidungen, die jeder Mensch bei sich selbst trifft, die den gemeinten Ruck ermöglichen; nicht das Spektakuläre, der Schale der Macht.

6.5 Zu guter Letzt

Wie aber gehen wir aus dem heraus, was wir geworden sind? Das Ende ist ohne Worte, so wie auch der Beginn, dieser Passage des Menschseins. Ewiges Leben in dieser Verfassung ist die Fleischwerdung des Bösen, die Furcht vor dem wirklichen Leben und die Dummheit des Selbstvernarrten: Nur der Verlorene möchte zum Augenblicke sagen: »Verweile doch, du bist so schön!« Der Verlorene flüchtet sich in die Verlogenheit. Wie die Plastination übertüncht die bloß technisch gestützte Verlängerung der Lebenszeit die Sprache des Lebens selbst. Signale des Verfalls wie Funktionsverlust, Gestank, Verwesung sind dann Ausdruck gesunden Lebens. Sie leiten uns von der physischen Bindung an die erworbene Gestalt weg, lenken die Aufmerksamkeit auf einen neuen Übergang. Weder durch Kunststoffe noch Prothesen noch bioaktive Substanzen können wir uns dem nennenswert widersetzen; nicht nur ist der Aufwand zu groß, auch verkehrt der Einsatz an widersinniger Lebenskraft deren innere Gesetze. Stattdessen geht es darum, letzte Vorbereitungen zu treffen.

Jeder erlebt es doch. Wir tragen die Zeichen in unserer Erfahrung mit, als Schatten, bildhafte Andeutungen, Spuren im

Grundmuster unseres Erlebens. So nehmen wir es an. Zum Ende eine Auflösung, aus dem Organischen, aus dem so-in-dieser-Welt, hinaus – und hinüber.

Geist wird Fleisch, Gewebe. Genau die Gestalt, für alles was wir brauchen, um in dieser Welt zu sein, Mensch zu sein. Geronnener Geist, Menschlichkeit; Resonanzraum der Freude, Pulszentrum der Liebe.

Darauf der Sterbende: eine Auflösung des eingebundenen Geistes. Der Wert meines Lebens ist schon in der Welt, ich schulde nichts mehr. Das Böse hat keinen Ort. Liebe und Freude fließen in eins. Was braucht dieser Mensch?

Wer ist dieser Mensch? Das ist einfach: Ich! Wir sprechen noch immer von Liebe und Fürsorge. Es geht um die Liebe und Fürsorge, die der Macht und Unfassbarkeit dieses Ausgangs angemessen ist, ihn ermöglicht. Lieben und fürsorglich sein verlangt hier: eingespielte Ansichten, Verbindungen, Beziehungen aufzulösen, die Hände zu öffnen, die Webfäden fahren zu lassen, mich zurückzunehmen.

Zum Abschied leiste ich achtsame Zuwendung, indem ich loslasse: »Ich lasse dich gehen.« Ob gern oder ungern, in Schmerz und Verwirrung, Zutrauen und Staunen, das liegt in meiner Hand. Wenn mit dem Eintreten ins Licht der Welt die Verknüpfung des Handreichens beginnt, ist es die Aufgabe dieser Hände, behutsam willkommen zu heißen, Räume und Orientierung zu bereiten.

Nun aber ist es an mir, Raum zu geben, den lieben Menschen im Mondlicht seiner Gezeiten ausklingen, vergehen, fortströmen zu lassen.

Das geht nicht so einfach aus dem vulgären Betrieb unseres Alltags heraus. Von uns verlangt das ein hohes Maß an Reife. Und kluge Vorsorge, für Raum und Zeit, denn jetzt geht es um alles.

Das Grauen im Pflegeheim sind nicht die Spuren des Verfalls, sondern die innere Kapitulation vor dem bösen Eigensinn
aberwitziger ›Last-Minute‹-Regime: Geld, Gesetze, Dienstpläne;
Forderungen, Ablenkungen, Schwindel – um all das kann es
nicht gehen dürfen: das leistet die Vorsorge.

Es ist einfach zu viel!

Hier kommt es, endlich, ganz darauf an.

In der Wirklichkeit des Todes laufen sämtliche Wahrheiten
zum Mikrokosmos des Lebens zusammen; und halten uns den
Spiegel vor. Hier erzeugen wir die reinste Eigenschaft dessen,
was wir besitzen, um es zu vererben.

Ja, ich frage: wollen wir, dass es so ist?

Wären wir doch vorbereitet.

Zwischenspiel

Ernst ist das Salz, Humor das Wasser des Lebens.

Der Ozean, aus dem wir sind, verrät uns sein Rezept.

Ich schmecke: Struktur, gelöst im Fließen.

Ich schwebe: Halt hebt mich auf im Nichts.

Das sind die Bretter, die die Welt bedeuten.

Bewegte Spiegel weisen mir den Weg.

Ertrage ich den Leichtsinn meines Gewichts?

Eine Etappe, ein schwarzer Abgrund, ein feines Lächeln. Die Würze vergeht.

Trotzdem: ich maße mir diese Flügel an.

7 Die Zeit der Integrität: Tradition

Lernen aus dem Fundus menschlicher Erfahrung und menschlichen Wissens ist ein wesentlicher Katalysator der Integrität. Dadurch versteht sich der Mensch in Relation zur Geschichte, zur Vielfalt unserer Erscheinungsformen und Vorstellungen von dem, was wir sind, als Gewordene. Tradition verknüpft uns miteinander über die Zeit. So kann es gewesen sein, so hat es funktioniert, so nicht, so kann es gehen. Das ist ein Schatz, dem ich mit Achtung begegne. Wie aber schätze ich seinen Wert? Tradition zu unterschätzen, würde bedeuten, zu wenig oder Falsches aus der vorgelegten menschlichen Erfahrung zu lernen. Besonders das über die Zeiten hinweg stabilisierte Deutungswissen, die Muster der kommunalen und gesellschaftlichen Werterhaltung, Institutionen, Rituale und Symbolhandlungen bilden ein beachtliches kulturelles Reservoir, zum Guten wie zum Schlechten.

Aber nicht: *des* Guten und Schlechten. Wir wissen nicht, was gut oder schlecht ist, weil es einst als solches begriffen worden ist und diese Geltung gewonnen hat. Das ist ein Hinweis, eine Empfehlung, die ernst zu nehmen und zu achten ist, aber keine selbständige Einsicht oder Begründung seiner Gültigkeit. Was etwas gut oder schlecht macht, ist im Moment der Entscheidung, in der Bestimmung des Willens als Unterströmung einer bestimmten Handlung, am Werk. Die Tradition ist wertvoll als eine Experimentalzone für Modellentwürfe des Menschlichen. Wir nehmen sie uns immer wieder vor, freuen uns an dem, was gelungen ist und bearbeiten das Misslungene. Aber: keinesfalls können wir uns davon einfach leiten lassen. Wir stehen auf den

Schultern von Riesen, nutzen einen Abschnitt des Stromes, den sie mit und für uns, aber ganz im eigenen Maß durchwaten. Der Strom jetzt ist immer: ein anderer. Wir können uns aber weder in der Absicht auf Altvorderes beziehen, Verantwortung zu relativieren noch um Errungenschaften als die unseren zu vereinnahmen. Stolz darauf, ein Deutscher, ein Mann, eine Frau, ein Mensch zu sein – das ist vollkommen sinnleer; es wird böse, wenn ich mir anmaße, durch dessen Eigenwert selbst an Wert zu gewinnen. Das Gute und Geltende ist eine Sache der Rechtfertigung im Heute; dabei spielt das Gewordene eine Rolle; es hat Gewicht, gibt aber keinen Ausschlag.

7.1 Unmündige Unrast

Ob das Narrativ aus Tradition gewonnen oder aus dem Jetzt geronnen ist: Unsere Dystopie ruht in einem grundlegenden Missverständnis. Es komme auf äußere Vorgaben an. Dadurch gelingt es sowohl Diktaturen als auch dem wilden Markt zu gedeihen: Sie schaffen Geschichten und sozio-ökonomische Mechanismen, durch die wir ›freiwillig‹ und ›gern‹ den Systemzweck unterstützen und zwar opportunistisch, völlig ohne das Erlebnis von Gewalt und Zwang. In der Tat erleben wir die wirksame Gewalt nicht, weil sie sich, wie ein Virus, in einer Mimikry der Tonalität unserer Selbststeuerung anpasst.

Autoritäten wie Diktatur oder Marktmacht legen uns ganz einfach nahe, die alltäglichen kleinen Entscheidungen darüber, wie wir unsere Gedanken orientieren, unsere Zeit verbringen, unseren Tag ordnen und planen, an Zwecken auszurichten, die sie uns durch Geschichten vom kleinen Glück und großen Träumen soufflieren. Mal mit, mal ohne Anleihen im Vergangenen. Es kann ja nicht schaden, nicht immer alles selbst zu verantworten, indem eine harmlose Nachlässigkeit uns entlastet. So werden wir von unserer Angst abgelenkt und geraten in einen Anschein von Sicherheit und Wohlgefühl: Du kannst es doch so leicht haben, mach einfach mit. Genauso verlieren wir den Kontakt zum inneren Rhythmus, der die Arbeit treibt, durch die ich bei mir bleibe.

Offener Zwang und Druck, das alte Mantra der Totalitären, erzeugen dagegen Aufbegehren und Gegendruck, so wie die umgreifende, explizite übergriffig-positive Einvernahme, wie wir sie aus Sekten kennen, Ekel und Widerwillen hervorruft. Es geht doch auch anders als bequem, süßlich und nachlässig.

Heute liegen unsere Zwecke fest in den Händen pragmatischer, leidenschaftsloser und opportunistischer Manager. Sie kooptieren uns, als Geschichtenerzähler, nicht durch die perfide Werbung, sondern durch die seriöse Presse, die ›guten Nachrichten‹, die Gewichtung von Themen nach Zeit. Dies zeigt sich daran, welchen Anteil Sportkommerz in öffentlich-rechtlichen ›Informationssendern‹ gegenüber seriösen Nachrichten hat. Sie machen durch Wiederholung und Priorisierung nicht nur Politik, sondern unsere Wirklichkeit. Dabei kümmern sie sich nicht um Verantwortung; sie sind einfach eine Maschinerie zur Verfestigung von Trends, die sie selbst mit erzeugen, aber nicht immer wollen können. Sie verrauchen unsere Zeit, Momos graue Zigarrenherren. Namentlich die Medien profitieren direkt von geistiger Unruhe, Angst, einer Verzerrung und Nichtaufklärung der Problemlagen, die sie selbst über die Bühne jagen.

Die Wissenschaft mutiert zu einem Katalysator des Social Engineering und unterwirft sich den planwirtschaftlichen Bedürfnissen unserer Kommerztechnologie. Die Nachbarn treffen sich nicht mehr im Hof, sondern bei Twitter oder vor Gericht.

Wir selbst sind es, die den Eigenwillen des menschlichen Zusammenlebens ignorieren und brechen, da wir uns lieber hündisch einrudeln, als ein eigenes Leben zu führen.

Das funktioniert also im Grunde wie immer schon. Neu ist die Pose des Würdevollen, in der wir uns sonnenspiegeln mögen, als Kulturnation, als gute Demokraten, als moralisch hochwertige Weltbürger, die wir aber nicht dadurch schon sind. Neu ist auch die Mithilfe der Technik. Die sogenannten Informationstechnologien sind weltumspannende Datenmaschinenparks ohne definierten oder legitimierten Auftrag. Indem wir darauf verzichtet haben, jenseits der nützlichen Fassade ein Mandat für die Eutrophie dieses Umspannwerkes zu erarbeiten, haben wir es uns erlaubt, die Herrschaft über unser Leben Algorithmen zu übergeben, die sich zum Teil automatisch generieren, zum Teil von irgendwem programmiert sind – ohne Kodex, ohne Auftragsbindung. Niemand hat hier eine ordentliche Grundlage gelegt, keine Wissenschaft, kein politischer Prozess und kein Diskurs. Wir lassen es wuchern und staunen dankbar über das Reich der Möglichkeiten in diesem Paradiesgarten. Selbstverständlich greift die Allianz aus Gier, Angst und Hybris darauf zu, in der Sprache des industrialisierten Kommerzes. Nun gelingt die Selbstenteignung des antiquierten Menschen auf die angenehmste Weise. Kein Widerstand. Begeistert empfangen wir die Gauklertruppen der digitalen Realität, als ›likeable Friends‹, Befreier vom Diktat der Schwerkraft und sämtlicher Naturgesetze.

Wir leisten keinen Widerstand. Die Übernahme des Menschen durch das Binäre setzt konsequent und systematisch tiefer an als jede frühere Utopie: dichter, schneller, subtiler, auf allen Ebenen und in allen Formen der Zivilisation, unentrinnbar. Wir digitalisieren unsere Seelen. Da ist es folgerichtig, die Abschaffung des Menschen zu fordern, im ›Transhumanen‹ eine Zukunft zu sehen. Denn wir wählen die Freiheit des Bratenwenders. Wir erfinden ein Menschenbild, 250 Jahre nach Kant und Volta, in dem der Geist durch Elektrizität ersetzt wird. Da gibt es nur das Eigene und das Andere, Plus und Minus, die Identität und das Fremde, aber keinen Übergang, kein Wachstum, keine Gestaltung, keine Zukunft. Wir machen uns die Welt, ›wiedewiewie sie uns gefällt‹? Wer hatte geglaubt, weiter zu sein? Nein, diese Matrix begeistert uns dadurch, dass sie Kinder durch Design zu Tomaten macht, um der Maschine zu dienen. Glück ist auch nur eine Funktion der Zweckbestimmung.

Die Instanzen zur Verwaltung dieses Zeitgeistes weisen jedem das Seine zu, ganz ›gerecht und demokratisch‹, wenn man selbst im Spiel ist, die Mittel hat und mitmacht. Das funktioniert solange das Prekariat im unteren Drittel bleibt – bei uns zumindest. Aber in der wirklichen Welt herrschen andere Verhältnisse. Es funktioniert, weil wir die kleine eigene Wahrheit, die die Entscheidung zur Verantwortung zu meiner macht, in eine Projektion von Ansprüchen verwandeln, die niemand einlösten kann. Und die deshalb lähmen, bis für uns nichts mehr zu bestellen bleibt.

Bequemlichkeit und Angebot bilden Allianzen, die überschwemmt und jede Freiheit und eine Kultur des Menschlichen im Keim erstickt. Wir amüsieren uns nicht zu Tode, sondern verenden im Konsum.

Das ist natürlich nicht ein geplanter Wandel ›von oben nach unten‹. Den Ausschlag gibt kein Mastermind, sondern jede Mikroentscheidung. Das macht es so mühsam Acht zu geben, wenn man nicht ohnehin eine Haltung der Verantwortung einnimmt.

So ist diese Entwicklung im Gegenteil aufs Engste mit dem Vulgarisieren der Kultur verbunden, indem Standards und

Grenzen verschwinden. Die explodierende Marktmacht kulturell prekärer oder bildungsferner Bevölkerungsgruppen – zu denen ohne Frage heute überproportional viele Angehörige der gesellschaftlich-politischen Macht gehören –, baut eine Gewalt auf, die in zwei Richtungen wirkt: Zum einen bläht die relative Präsenz und Gestaltungsmacht den Einfluss der Nekrophilie auf und vergrößert die Dichte sozialer Pathogene. Zum anderen wird der Respekt gegenüber immer weniger profilierten und erkennbaren Eliten verwischt, die Resilienz der etablierten Kultur geht zurück. Wenn die Ausbildung die Bildung übertrumpft, dann ist es aus mit dieser. Die ungestillte Sehnsucht nach Orientierung und Verlässlichkeit wächst indessen stetig und füttert diese Entwicklung ungesteuert weiter.

Wieder profitieren die Krisengewinnler. Als klammheimliche Nutznießer optimieren sie ihre Strategien der Wertabschöpfung mit Hilfe der halbseidenen Beihilfegesellschaften. Deren berühmteste haben es im Windschatten der deutschen Vereinigung geschafft, hoheitliche Aufgaben mitzubestimmen, sei es im Gesundheits-, Finanz- oder Sicherheitssektor. Anstatt als Kultur- und Verfassungsfeinde öffentlich benannt und sanktioniert zu werden, gelten sie als ›erfolgreich‹, als Leitbilder oder doch als legitimer Ausdruck der Verhältnisse unserer Zeit. Das hat nur mittelbar mit dem grotesken Missverhältnis der Einkommen aus wertschöpfender und wertabschöpfender Tätigkeit zu tun, direkt aber mit der isolierten Wertschätzung des Habens unabhängig von dessen Entstehung und Wirkung im Sein.

Einatmen – ausatmen.

7.2 Wert-Basis

»Was du ererbt von deinen Vätern hast, erwirb es, um es zu besitzen!« So lautet das Motto der kulturellen Legitimation des Anspruchs darauf, etwas Maßgebliches zu haben in unserem Sein.

Was haben wir, wenn wir Demokratie haben? Unsere Öffentlichkeit scheint sich da im Grundsatz einig. Wir haben eine Gesellschaft, in der Grundwerte wie Freiheit, Würde, Toleranz, Menschenrechte vorausgesetzt sind. Wir haben die Demokratie, die wir sind. Nach sieben Jahrzehnten Gestaltung entsprechen wir den Problemen und politischen Führern, die wir haben. So wie wir unsere ›demokratischen Werte‹ nicht nur beschworen, sondern in einer historischen Strömung kultiviert, erarbeitet und errungen haben, die lose einer Verbindung aus Humanismus, säkularem Christentum und Kant zugeordnet wird.

So vage und spannungsreich diese Kultur auch ist, und so wenig sie verstanden wird oder den gelebten Werten in großen Teilen der Bevölkerung entspricht: Als geistiges Regulativ, als Leitkultur scheint dieser Tenor leidlich zu taugen. Sofern wir ihn tätig für uns erwerben, uns aktiv als seiner würdig beweisen.

Wir übersehen bei dieser Antwort leicht eines: Demokratie für sich genommen hat nichts mit diesen Werten zu tun. Sie ist eine Herrschaftsform, die sich durch besonders definierte Prozesse (Wahlen) und Strukturen (Institutionen) auszeichnet, die Machtwechsel und Machtausübung organisieren. Zwar beruft sich Demokratie rituell auf grundlegende Werte, die sich in wichtigen strukturellen Anordnungen wie dem Schutz von Minderheiten niederschlagen. Welche Werte hierbei konkret ins Spiel kommen; wie sie konkret und verbindlich für jeden zu verstehen sein sollen und wie der Geist, der in diesen Werten beschworen wird, in gesellschaftliches Leben umgesetzt werden kann; all das bleibt im Grunde unbestimmt.

Sicher ist aber, was wir bestimmt haben: diese Regierungen. Sie sind der Spiegel unserer politischen Kultur. Seht hin!

Und: Die konkrete Wertebasis muss offen bleiben. Denn diese Ordnungsküche soll zugleich einer möglichst großen Vielfalt ganz unterschiedlicher Provenienzen und Lebensrichtungen schmecken können. Sie darf inhaltlich keine individuelle Leistung von Wertearbeit vorwegnehmen. So kann eine breite Palette an Interessen mobilisiert, angesprochen und einbezogen werden. Jeder kann abgeholt werden, wo er steht. Die Verpflichtung auf Wahrhaftigkeit, Achtung, Solidarität, die Freiheit, Würde, Menschenrechte zuallererst möglich zu machen, ist damit überhaupt nicht direkt – und nur auf problematische Weise indirekt, kulturell pfadabhängig verbunden.

Wenn wir unsere Demokratie auf eine ›Kunst des Kompromisses‹ reduzieren, verlieren wir im Ansatz unsere Würde, denn wir organisieren damit nur das Recht des Stärkeren als Ausdrucks- oder Mehrheitsmacht und können Aufträge wie den Schutz von Minderheiten, von Kindern und Machtlosen nicht mehr leisten. Die eigentliche Verantwortung, diese Mitmenschen zu unterstützen, zu schützen und zu stärken, interessiert uns nicht. Die Wurstigkeit gegenüber den Kindern, den Ungeborenen und Ohnmächtigen spricht Bände. Wir überlassen sie lieb- und achtlosen Institutionen (Eltern, Ämtern, Gerichten), ohne den gemeinschaftlichen Unterbau einzupflegen und selbst in angemessener Fürsorge Anteil zu nehmen.

Ganz zu schweigen von denen, die zufällig nicht in unseren Honigtopf hinein geboren worden sind. Wir greifen Angebot und Gelegenheit gern auf, wie sie uns – und nicht etwa den Chinesen oder Afrikanern oder Russen – in den Schoß gefallen sind. Verbotene Früchte oder nicht, übersehen wir aber *en passant* den Auftrag, den wir damit an uns genommen haben, denn dieses Annehmen – wenn auch stillschweigend und unbedacht – ist spätestens für den Erwachsenen eine rechtsförmige moralische Vertragsverpflichtung.

Nun hat die mangelnde Pflege zur Austrocknung der Keimbahnen demokratischer Kultur geführt, zu einem dürren kameralistischen Klientelsystem. Das öffentliche Leben als Dörrmaschine des sozialen Kitts hat offenbar Methode. Sie speist sich und uns aus Halbwissen, falschen Prioritäten und Proportionen, Doppelzüngigkeit, Egoismus, Isolation, Angst, Bequemlichkeit, Hochleistungstechnologie und Geiz.

Wir lügen, wenn wir behaupten, die Würde des Menschen sei unantastbar. Wenn wir uns das erlauben und einander damit davonkommen lassen, werden wir alle zu Komplizen in einem geschichtlichen Unrecht. Wir vermeiden das, indem wir das überkommene Gute achten, es als das Gold des menschlichen Wertes heraussieben und pflegen.

Recht muss so gepflegt werden. Die Minimallinie: Seine Umsetzung und Praxis darf nicht den Voraussetzungen und dem Auftrag zuwiderlaufen. Dann kann man weitersehen. Gesetze müssen dazu am Grundgedanken des Rechts orientiert werden, nicht an der Administration oder am abstrakten Zweckrational. Der springende Punkt zu diesem Ende besteht darin, die Arbeits- und Lebensbedingungen so zu organisieren, dass sie den Einzelnen aktiv einbeziehen und würdigen. Nicht als Kenndatum einer weiteren äußerlichen Zwecksetzung, sondern durch Einladung zur Adhärenz.

In diesem Sinne wird Recht als Pflege und Partizipation organisiert. Das Gesetz wird zum minimalen plastisch-formalen Rahmen. Der Polizeistaat wird überflüssig: weil wir alle das, was daran vernünftig ist selbst mit-wollen, mit unserem Tun und Sein. Dann kann auch die Polizei wieder ihre Arbeit machen, dort einzugreifen, wo es trotzdem nicht rund läuft.

Moralische Maximen und ethische Grundsätze erfüllen dabei eine etwas mechanisch anmutende aber umso würdigere

Funktion. Sie organisieren die fortlaufende, ungebrochene Verbindung mit dem Einzelfall, damit wir in beide Richtungen lernen, zur Selbstkultivierung und Gestaltung des Rechts, und die dabei vermittelnden Funktionen entsprechend besser ausbauen können. In einem integrativen System der Integrität ist Gerechtigkeit immer auch Einzelfallgerechtigkeit. Ob etwas der Fall und die Regel ist oder aus dem bisherigen Geltungs- und Verständnisrahmen des Rechtes fällt, können und dürfen wir nur durch gesellschaftliche Teilnahme feststellen.

Indem wir jedoch Ausnahmetatbestände durch gesetzliche Form mit dem Anschein rechtlicher Ansprüche versehen, anstatt sie der souveränen Praxis einer Rechtspflege, die einen solch ehrbaren Namen verdient, zu überlassen, verschieben wir die Arbeit des Auslegens: von der konzeptuellen Interpretation des gesetzlichen Gebots hin zur abstrakt-prospektiven Normierung einer mikrologischen Bürokratie oder Gesetzgebungsmaschine. Dadurch entwerten und entkräften wir sowohl den Gedanken des Rechts als auch den der Bürgerlichkeit.

Wir verwischen dadurch auch den Unterschied zwischen Gesetz und Regel. Gesetze formulieren etwas Entdecktes, Gegebenes, eine Natur. Regeln drücken ausschließlich die Qualität des Gemachten aus, eine Kultur. Als formulierte und methodisch gesicherte Erfahrung sind sie fortlaufend revisionsbedürftig und müssen aktiv an ihrer Klarheit und Wahrheit ausgerichtet und angepasst werden. Was sie als Regeln aussagen wollen, steht dabei nicht zur Disposition. Denn sie sind bloße Dienstleister mit provisorischer Bedeutung. Der akademische Einwand, Gesetze können sich als Regeln darstellen, stimmt – er unterstützt die Aufgabe der Revisionsarbeit.

Die Minimallinie für *Gesetze* ist es deshalb: So wenig und so klar wie möglich! Nur so wird ihre orientierende Aussage deutlich und sicher. Wir dürfen nicht den Überblick verlieren, denn Verwirrung ist das Machtmittel der Täuscher.

Für *Regeln* gelten ganz andere Anforderungen. Sie müssen ihrem Bedeutungsfeld sprachlich und pragmatisch entsprechend der konkreten Gestaltung, Interpretation und Zielsetzung ausfüllen und halten sich nur klugerweise im Rahmen des Gesetzlichen. Sie nehmen dementsprechend vielfältige Regelungsräume, Zwecksetzungen, Zeitbindungen, Grade an Komplexität und Legitimität ein.

Idealerweise besteht eine Arbeitsteilung, an deren Polen einerseits das Gesetz und andererseits der Mensch steht; zwischen ihnen stehen die Regeln. Das ist nichts Neues. Daran zu erinnern erscheint aber angebracht, wenn wir uns die geradezu irrsinnige Verwirrung nicht nur der Begriffe, sondern auch der Sprache, der Narrative, Institutionen, Prozessorganisation und sonstiger Praxis ansehen. Am Ende ergeht das Urteil ›im Namen des Volkes‹. Diese Instanz der Regelauslegung muss durch ihre gesamte Geschichte dem Anspruch des Namens gerecht werden können.

Unsere wirkliche Verfassung ist dagegen sowohl konzeptuell als auch diskursiv als auch organisational erbärmlich. Das ist die Rezeptur des Tors zur schiefen Bahn, auf der das Mehrheitsregime in Populismus und dann in autoritäre Entwicklungen abgleiten kann. Wir sehen das an europäischen Nachbarn, die noch deutlicher vom Integritätsplan abweichen als wir. Im Konstrukt dieser Rampe zur Desintegration steckt schon der Hinweis auf Ansätze zur Lösung der destruktiven Verhärtung. Implizite Werte müssen frühzeitig geklärt, ausgedrückt und umgesetzt werden. Vorausgesetzte Erwartungen an die aktive Ko-Autorschaft jedes Mitbürgers müssen immer wieder neu vermittelt, unterstützt und eingefordert werden. Ja, auch durch freie Wahlen, aber insbesondere durch die Ausgestaltung der sozialen Infrastruktur der Bildung, der Gesundheit, der Information und der Teilhabe.

7.3 Wert-Fluss

Demokratie kann man verfassen, anordnen und institutionalisieren, ohne dass irgendeine politische Person oder Institution sich um die beschworenen Werte kümmert – wenn Politik ein Geschäft des Verkaufens ist, kein integres Handeln. Ja, diese Werte stehen in irgendeinem Verhältnis zu unserer ›Demokratie‹. Dieses Verhältnis ist eines der Arbeit – oder sonst: parasitär. Ja, die Vielfalt der legitimen Gestaltungsentwürfe des persönlichen, sozialen und politischen Lebens verlangt eine Spannkraft des Aushaltens, des Unterstützens, Gewährens und Zurückhaltens. Das ist die Haltung einer Position der Achtung. Nein, es gibt nicht den einen richtigen, maßgeblichen demokratischen Humanismus. Das wäre ein Widerspruch, der sich selbst zerstört. Alles zu beherzigen genügt allerdings auch nicht. Wir brauchen aktive, explizite Debatten, eine politisch inkorrekte Streitkultur, Humor und couragierte Mitbürger. Der Schlüssel ist die Ökonomie sozialer Transaktionen: Was ist wertvoll? Was kann überhaupt Wert sein? Wie beziehen sich die Werte aufeinander? Unser Lippenbekenntnis zu idealistischen Antworten ist billig und unglaubwürdig. Lassen wir die Taten und Werke für sich sprechen, schreit uns ein kalter Materialismus entgegen. Die Welt ist heute so eng und schnelllebig, dass wir nicht mehr lavieren und verdrängen können. Der Resonanzboden federt zurück. Wir werden an unserer Leistung gemessen.

›Leben und leben lassen‹? Das Innere der Achtung ist nicht passiv, der Mensch wird nicht als Null geboren. Ich bin auf etwas aus, will mich engagieren. Das ist ein angeborener Hang. Gewähren bedeutet, den Raum zu lassen, den die Achtung braucht, um leiten zu können, nicht gleich alles zu erlauben. Das muss schon auf dem großen Weg, in der Streuung der ausmittelnden Linie liegen. Das heißt: Ich bin durch Recht und Pflicht eingerichtet. Beide sind innig eins. Nur Ansprüche zu denken oder sich nur zu unterwerfen, ist die wohl bekannte Karikatur, die Polemik des Duckmäusers.

Es ist nicht mal Recht, nicht mal Pflicht, sondern immer deren innere Verbindung, durch die wir integer sein können. Zwei Seiten einer Medaille machen noch keine Einheit; erst ihre Verbindung zu etwas, das mehr ist als die Summe der Teile. Nehmen wir dann immer nur eine in Anspruch, wird sie schnell abgebraucht, unkenntlich: in ihrer besonderen Bedeutung und als Katalysator des Systemsprungs, durch den aus Form und Masse Qualität entsteht. Die Münze gerät aus dem Lot, die Bewegung, der Austausch – »Taler Taler, du musst wandern« – wird einseitig, kippt um. Dann streitet man, völlig sinnlos, über Recht oder Pflicht. Eine Offenbarung: Wir haben nichts gelernt.

Sehr lange schon zelebrieren unsere Amts-, Entscheidungs- und Meinungsträger, wie wir, die ihnen das Mandat gewähren, eine selbstgefällige Unentschiedenheit: Was die Pflege der Voraussetzungen betrifft, an denen Demokratie und Humanismus zu einer kritischen politischen Kultur fusionieren. Wir überlassen die Entscheidung der Schwerkraft im Münzwurf, geben die Herrschaft über Verlauf und Kraft auf, überlassen die Kreativität einem binären Ereignisraum. So vergeuden wir den Wert des Kapitals Mensch.

Seit dem neoliberalen *New Deal* ist die Bindung von Politik an die Hochfinanz salonfähig geworden, auf Kosten der inneren Bindungskräfte der Gesellschaft. Diese Allianz der Machterhaltung, so wenig sie sich jemals an die Versprechen der Demokratie gebunden sah, funktionierte überhaupt nur unter der klassischen Bedingung, Geld stehe in irgendeinem generisch-symbolischen Verhältnis zur Wertschöpfung. Die Entwicklung von Lehman Brothers, aus einem Unternehmen der Realwirtschaft zu einem globalen Zirkus der digitalen Datenvirtuosität, ist ein Lehrstück über den inneren Zusammenhang des Verlustes der Wertbindung mit dem Scheitern an der Wirklichkeit. Ihr stärkster Beitrag zur Wirtschaft besteht in der Verstümperung der Demokratie zu einer vulgären Konsummaschine. Sie betreibt einen robusten Apparat der Entwertung, Entwürdigung, Verdinglichung, Entmenschlichung der Arbeit, zum Zwecke der Wertabschöpfung durch opportunistische Glücksritter in weißen Kragen. Wert wird zu einem volatilen Produkt der fantastischen Gleichgültigkeit dekonstruiert.

Unentschiedenheit und desinteressiertes Gewähren sind der Sumpf, in dem erst die Füße und schließlich der Kopf der Freiheit untergehen. Das ist der Regress der Tradition.

Niemand, der bestreitet, dass die Kultur der geschäftigen Gleichgültigkeit systemwirksam ist, hat je Sozialhilfe oder Hartz IV beantragt, beim Jugendamt um Hilfe für das Kindeswohl gebeten, als Angestellter seine Aufgabe im Ernst als Teil der Lebensarbeit verfolgt oder mit Christus die klingende Münze aus der Kirche verbannt. Wer etwas versteht, wird ausgebremst von dem, der Dienst nach Vorschrift macht; wer unkonventionelle Hilfe der Menschlichkeit leistet, trifft auf den Bedenkenträger; wer geistig-moralisch wachsen will, endet im Schlagschatten des Bimbes.

Die Entfernung der sogenannten Eliten von der Bevölkerung ist schon in der Formulierung dieser Konstellation verräterisch. Überdies ist sie pure Prätention, denn es handelt sich wirklich nicht um Eliten, sondern Machthaber. Eliten, die diese Bezeichnung verdienten, wären sichtbare Gestaltungs- und Verantwortungsträger der Kultivierung der Gesellschaft. Sie unterscheiden sich durch den Mut zum existentiellen Risiko der Vernunft.

Was wir haben ist keine meritokratische (und legitimatorisch problematische) Schicht der Kultivierten, sondern eine demokratiemimetische Oligarchie der Vermögenden. Denen stehen nicht die Gruppen der weniger Gebildeten oder Engagierten gegenüber, sondern – ja auch heute noch – die gewährenden Massen. Wie darf es sein, dass wir uns in der lustvoll masochistischen Selbstbeschreibung des ›die da oben‹ eine derart frivole, weit gespreizte Stratifizierung im Deutschland des 21. Jahrhunderts leisten? In einem Land, das im achten Jahrzehnt in Frieden, Wohlstand und Protektion blüht, gibt es immer mehr Kinder mit Armutsgebiss! Was haben wir mit dem Geschenk der Demokratie angestellt, diesem auf Zuwachs geschneiderten Mantel der Würde? Wie haben wir die Dividende des Kredites der Weltgemeinschaft nach zwei Weltkriegen bewirtschaftet? Augenscheinlich haben wir sie in eine Konzession zur Halbherzigkeit umgemünzt.

Im Grundgesetz für die Bundesrepublik Deutschland steht im Artikel 14 Absatz 2: »Eigentum verpflichtet. Sein Gebrauch soll zugleich dem Wohle der Allgemeinheit dienen.« Was ist daran missverständlich? Nichts davon ist ungewiss: Wir müssen es einfach nur tun! Wo aber ist das Bildungs- und Regierungsprogramm, diesen Auftrag durchzubuchstabieren? Leider haben unsere Verfassungsjuristen in den 1980er Jahren der Bürgerkultur einen Bärendienst erwiesen, indem sie die immanente Sozialbindung des Eigentums relativierten; diese verstehe sich nicht von selbst, der Gesetzgeber müsse absichern. Das Bundesverfassungsgericht ist also demokratielogisch falsch abgebogen, indem es die eigene Kompetenz unter die Kuratel der Politiker

und nicht der gesellschaftlichen Selbstverantwortung anheim-
gestellt hat. Es bräuchte allerdings keine große Revolution und
noch nicht einmal neue Gerichtsurteile, um das glatt zu rücken,
sondern viele einzelne wachsame Mitbürger, privat und im
Amt. Es bräuchte nur die rechtschaffene alltägliche Arbeit an
den kleinen und einsamen Entscheidungen, an einem würdigen
Leben. Wir müssen nicht den sinnlosen Luxus des Hedonismus
und den dickbräsigen Konsum des Erbes bekämpfen, ihn je nur
einfach so überflüssig machen wie er ist. *Sexy* ist das wohl kaum
und *geil* ganz sicher nicht. Es ist womöglich einfach unbequem,
aber dann wieder doch der Königsweg der Freude.

Es ist sicher nicht falsch, diese Kluft zu beklagen, denn sie
ist ja real, wir haben sie groß und stark gemacht. Wenn wir aber
klagen, dann aus den richtigen Gründen: in Selbstkritik und um
es besser zu machen! Die ›Eliten‹ der Welt entlarven sich als frivole Manipulatoren des politischen Mantras. Das Volk berauscht sich mit an der Sause. Aber wir haben das Zeug zu lernen. In Frankreich, den USA, England und auch in Deutschland
ist man erschrocken im Angesicht der Verdichtung von Lüge,
Dummheit und Gier, die wir uns da geleistet haben. Deutlicher
als in Trump und Brexit kann der Schwindel nicht mehr werden,
ohne dass wir uns selbst als Kraft humaner Verantwortung ganz
überflüssig machen.

Wieder sind es die kleinen Handlungen des Alltags, in denen wir die Qualität der Welt bestimmen. Aus dem selbstgerechten Gezwitscher über Nichtigkeiten wird nachrichtliche
Präsenz, dann folgt eine mediale Spirale aus kopflosem Gega-
cker und Aktionismus, dann der populistische Gegenschlag.
Das sind die absehbaren Folgen eines politischen Lebens im Sta-
tischen: Weder *ex post* noch *ex cathedra* noch prognostisch, sondern im Gegenwärtigen entscheidet sich der Wert der politi-

schen Kultur. Es geht nicht darum, Recht zu haben oder über-
zeugend zu reden, sondern das Richtige zu tun. Natürlich
würde es helfen, im Richtigen zu überzeugen.

7.4 Kredit-Würdigkeit

Dass unsere Politiker immerhin eine Ahnung davon haben, wie
wenig stabil die humanistische Kultur unserer Staatsordnung
ist, zeigt sich auch hier: Elemente direkter Demokratie, die gerade in einer repräsentativen Demokratie Ausdruck von Bindung, Vertrauen, Kompetenzerwartung und Kooperation sein
könnten, werden nur widerwillig und wenn dann nur in rand-
ständigen Feldern überhaupt in Betracht gezogen. Die Grundhaltung gewährt keinen Vertrauensvorschuss – und zwar aus
guten Gründen. Die zu erwartenden und an Exempeln ablesba-
ren Ergebnisse solcher Prozesse mahnen. Verwiesen wird gern
auf die absehbare Wiedereinführung der Monarchie oder der
Todesstrafe und auf die Manipulierbarkeit ›der Massen‹. Diese
Szenarien sind in der Tat beängstigend.

Was wir dabei übersehen: Vordergründig spektakuläre
Wahlergebnisse wie die Einsetzung von Donald Trump als US-
Präsident müssen, auch wenn der Einfluss von Algorithmen Besorgnis erregt, zuerst als Selbstexplikationen der Demokratie
verstanden werden, eines kulturellen Systems mit seiner inneren Qualität. Sie können dann nicht überraschen, sondern nur
orientieren.

Entweder sind die Voraussetzungen und Mittel der Wahl
massiv fehlerhaft, was durch die Distanz zwischen politischer
Bildung, administrativer Zulassung als Wähler, Zuschnitt von
Wahlbezirken und Modus bzw. Technologie der Auszählung
erklärbar wäre, oder es drückt sich eben genau der Wille als

Wahlbürgergesellschaft aus. Dann halten wir uns diesen Spiegel vor und fragen ganz offen: Wollen wir so sein?

Das Ergebnis der jeweiligen Wahl sagt ebenso viel über die wirkliche Legitimität der Verfahren und Institutionen wie über den Charakter der Bevölkerung aus. Man erschrickt also vor sich selbst. Der Kontrast zwischen Selbstbild und Befund erscheint dramatisch. Nur: Anders als bei der Morgentoilette suchen wir im politischen Leben nicht nach dem richtigen Mittel bis wir es finden, wenn uns der Anblick nicht gefällt. Wir verlieren stattdessen den Kopf, wenden uns von der Fratze ab und tragen mehr Schminke auf oder gehen uns amüsieren. Dabei steckt der Alltag, das öffentliche Gerede und das kleine Miteinander derart voll mit Vorboten und niederschwelligen Hinweisen auf die Erscheinungsformen des Schreckens, die wir mit weniger Attitüde und mehr Übersicht im Rahmen eigener Kompetenz und Verantwortung angehen könnten; wenn wir nicht so verzagt, bequem und unentschlossen wären, vielleicht auch weniger unehrlich.

Wenden wir den Blick in die Gegenrichtung: Nicht von außen her, nach vermeintlichen Zugängen zum Inneren suchend, die sich allzu leicht als Abwege herausstellen, nicht von den messbaren Folgen oder Kenndaten her, die keinen Aufschluss über die Qualität ihres Werdeganges geben. Heben wir den Blick aus uns selbst heraus, von der inneren Güte und Motivation als Quelle der Freude in der Welt, als Handlungsursache und Beziehungssinn und machen uns von hier her an die Aufgaben.

Würde und Menschenrecht sind keine Worte. Sie *sind* das Gemeinte: Instanzen der bloßen und freien Verpflichtung meines Daseins, einzigartig und hochrangig; nicht um unserer Eitelkeit zu schmeicheln, um Rücksichtslosigkeit oder Größenwahn zu huldigen, sondern weil sie nichts sind, was man *haben* kann. Würde und Menschenrecht sind Verpflichtungen, die wir leben, die wir durch unser Wollen in die Welt bringen – einzig dadurch sind sie da – und die nichts anderes voraussetzen als ihr und unser Sein. Entweder ich bin von der Qualität der Würde oder nicht, da gibt es nichts zu haben oder zu erwerben. Das ist die Währung, die wir einsetzen müssen, um das Ererbte zu besitzen.

Schwach ausgedrückt: Dieser Anspruch verschafft uns Freiräume, uns selbst zu gestalten und einzubringen. Diese Räume des Möglichen kann niemand konkret bestimmen und vorschreiben. Deshalb sind sie unbedingt offen zu schützen.

Das ist auch die Aufgabe der Gesellschaft und des Staates: Raum zu lassen für die Begegnungen, das Erleben der anderen, das Erspüren der Handlungsfolgen in sozialer Resonanz, die Reibung an Widerständen, das Abstimmen von Dissonanzen und das Ermitteln der legitimen Regelungsinstitute. Vor allem aber ist es unsere je eigene Verpflichtung als wollende Wesen im sozialen Flechtwerk. Der Staat ist dabei nur der Vollzugsapparat, die Gesellschaft die Reaktionskammer der Arbeit, durch die sich Gärung in Gestaltung, Wuchern in Kultur verwandeln kann.

Stärker ausgedrückt: ich schulde durch meinen Anspruch auf Würde mir selbst und der Gesellschaft alles, was mir dieser Raum gewährt: Respekt, Dank, Anerkennung und Bereitschaft sowie die wertschätzende Tönung meines Umfeldes.

Wie bezahle ich diese Schuld? Kant spricht hier vom ›Kredit der Vernunft‹. Der wird nicht endlos gestundet; im Gegenteil, er ist unmittelbar fällig: in der Währung der vernünftigen Praxis. Jeder Moment, in jedem Augenblick meines Handelns, dazu gehört auch meine Haltung, meine Positionierung und Mündigkeit, gerade dann das Richtige tun zu wollen, wenn mich niemand kontrollieren kann. Aus meiner Nachlässigkeit dabei formt sich die säkulare Seite der Erbsünde: die praktische Dummheit mit ihren Attributen Bequemlichkeit, Eitelkeit, Feigheit, Verantwortungslosigkeit. Oft getrieben von Angst, Geilheit, Gier – den Schmiermitteln der unersättlichen Fressmaschine, Konsumkommerz.

Das lässt sich aber noch deutlicher sagen, denn Kant redet selbst nicht vom *Kredit* als Fall des Nominativs, auch stellt er ihn nicht in den Dativ. Kant denkt Würde, Freiheit und Menschenrecht als Kasus des *Kreditivs*. Das ist eine formale Haltung der Schuld, die sich aus der teleologischen Struktur unserer praktischen und Urteilskraft ergibt: Ich kann, also muss ich besser werden. Daran ist nichts ehrenrührig, solange ich mich nicht entscheide, nicht besser werden zu wollen.

Ähnlich unmöglich wie die Rechthaberei sind auch die libertäre Will-Haberei und die Würde-Haberei Zumutungen. Denn sie bedeuten die direkte Zurückweisung der Haltung, durch die wir in die Lage kommen können, uns des Kredites als würdig zu erweisen. Recht und Würde wollen entsprechend so verstanden werden, wie sie gemeint sind: nicht als *Aulasaukaula* des modernen Menschen, sondern als Hinweis, sich um das zu kümmern, was für mich gut und angemessen ist. Das bedeutet, im Handeln immer die Vernunft mitzudenken, also vernünftig sein zu wollen.

Praktisch heißt das, es genügt nicht dem falschen Leben eine Auszeit von einigen Momenten zu geben, indem man sich dem Menschlichen gemäß verhält – aber nicht aus Menschlichkeit. Auch eine Zeit-für-Gutes oder ein moralisches Bonuspunktekonto tragen eher dazu bei, Zynismus zu befördern oder Kälte zu zementieren als zur Besserung beizutragen. Denn dabei fehlt das Kontinuum des Zeitlichen als Bewährungshorizont und wir unterwerfen uns ganz und gar der Deutungshoheit anderer.

Die Würde ist eine Qualität. Wie ein Farbstoff durchwirkt sie uns, so dünn und schwach die Substanz auch sein mag: Da sie für sich spricht, also zu mir, ist sie mir eigen, soweit ich sie zur Sprache kommen lasse. Es mag besser sein, im Krieg sein mitleidendes Lächeln durchzuhalten, als zu Weihnachten einen Waffenstillstand zum Fußballspielen mit dem Feind zu nutzen, den man sogleich wieder mit Giftgas traktieren und durch Granaten zerfetzen wird. Denn das ist der Tiefpunkt der Erniedrigung, die Verneinung jeder Würde, die nicht einmal im Angesicht des Scheiterns jedweder Humanität bei sich bleiben darf – auch wenn das nach Kästner sicher eine effektive Sozialtechnik im zynischen Spiel der Verwandlung des Menschen in Blutwurst ist.

Die Würde des Staates liegt in seiner Selbstbegrenzung, der einschränkenden Bindung der Verfügbarkeit seiner Macht. Er unterstellt sich mit seiner Gewalt dem konkreten Gebot der abstrakten Vernunft und damit dem, was einem Jeden innerlich zu eigen ist. Sein Inbegriff ist der Verzicht auf Übergriffe, insbesondere solche auf das Leben, als Existenz und als Begriff. Beispiele dafür sind das grundsätzliche Selbstverbot der Todesstrafe und die apodiktische Verneinung von Konzessionen des Tötens von Menschen, gegenüber welcher – wie auch immer spezifizierten – Anspruchslage. Ähnliches gilt bei der Formel zum Abtreibungsrecht oder dem Verbot der Tötung von embryonalen Menschen: Sie ist immer strafwürdig aber unter Umständen nicht strafbar. Wichtiger als das Verbot der Tat ist die Zurücknahme der Gewaltoption durch Deutungs- oder positive Definitionsmacht.

Da mag man gern einwenden, dass wir es nach außen nicht so genau nehmen. Wir erlauben uns ja den Zugriff auf Embryonenleichen aus dem Ausland, in prozedural und kasuistisch verschleierten Kalkülen, die Gemeinwohl deklarieren und es zu

Partikularinteressen in die Waagschale werfen. Wir betreiben auch Kriegseinsätze, in denen von Staats wegen Menschen umgebracht oder ihrer Lebensgrundlagen beraubt werden. Unsere Freunde machen das ja auch. Nur stehen diese nicht unter dem Anspruch unserer Verfassung.

Über Staatsgrenzen hinweg ist der Firnis der moralischen Errungenschaften unserer Zivilisation noch immer so dünn, dass die Verhältnisse vor Einführung des Völkerrechtes durchscheinen. Das zeigt sich in fehlender Rechtspflege, unbestimmtem Rechtsverständnis und Doppelstandards beim Überschreiten von Grenzen. Das erinnert uns an das Provisorium unserer Großspurigkeit: Wieder leisten wir uns unser Würdebewusstsein auf Pump – oder auf Zuwachs. Einige Konfrontationen im internationalen Raum sind so definiert, dass der bürgerliche Zustand ausgesetzt ist, in klerikaler Diktion: dispensiert. Dadurch wird der Blick auf den Naturzustand frei; der Mensch als des Menschen Wolf, ganz ohne Gruselbonus. Der Preis für die Lektion dieser Nemesis ist, dass das Mittel nicht durch den Zweck ›geheiligt wird‹. Es bleibt seinerseits an seinem Platz. Das ist der Kriegszustand, also Unrecht, das nicht sein darf. Diesseits, im bürgerlichen Zustand der Kakophonie der Grenz- und Wiedergänger, ist die salomonische Orthopraxis des Tötungsverbotes im Bereich der Abtreibung gesellschaftlich daran gescheitert, dass sich niemand für deren Finesse interessiert. Den werdenden Menschen vor den Gauklern der Embryonenforschung und ›aufwertenden‹ Manipulation zu schützen, gelingt erst recht nicht. Denn dazu müsste der Freude des Verstehens ein Wille der Liebe folgen.

7.5 Welt-Sichten

Der Befund in diesem Schlaglicht wird in seiner Dramatik nur durch den Blick auf die Geschichte übertroffen: Hat sich hier in 70 Jahren nichts geändert? Was hat Deutschland, was hat Europa getan, um die kolonialistische Schuld abzutragen und die großen moralischen Ansprüche aus dem Himmel zu holen? Sie für diese Welt kulturell zu erschließen, angesichts einmaliger historischer Chancen in Frieden und Wohlstand umzusetzen und nachhaltig für die Welt auszuarbeiten? Offenbar viel zu wenig.

Was aber kann und soll man dafür tun? Moralisches Sendungsbewusstsein, Entwicklungshilfe, Überformung durch wirtschaftliche Macht, gewaltsame oder politische Intervention – all das ist weder legitim noch hat es sich in irgendeinem konkreten Fall als zielführend erwiesen. Warum nehmen wir eigentlich nicht die Grundformel unseres Liberalismus beim Wort? Geben wir uns einen organisationalen Rahmen, der es ermöglicht, die Freiheit des Einzelnen durch die Freiheit der anderen zu begrenzen. Aus der Kraft dieser Reibung und der Wucht dieses Tanzes einen regulativen und expressiven Organisationsraum zu eröffnen – durch achtsame Interaktion, Beziehungsarbeit und Lernen zugleich die Kreativität der Wertschöpfung zu befreien, indem sie ihrem Wert-Sinne nach die Welt bereichert, unser Handeln aufklärt und unsere Würde leuchten lässt!

Das heißt natürlich nicht, uns kommerziell, materialistisch, pathologisch unter dem Leitstern des Habens, besonders des Recht- und Machthabens, zu verhärmen, sondern unter der Sonne des Seins zu leben. Die konkreten Formen wirtschaftlicher, sozialer und politischer Organisation, die durch den inneren Anspruch der Demokratie vorgegeben sind, verlangen nach

einer klaren konstitutionellen Festlegung, die unsere Beliebig-
keit im Sinne der Freiheit einschränken, aus Treue gegenüber
ihrer inneren Logik, ihrem humanistischen Auftrag. Das irritiert
den normal gebildeten deutschen Staatsbürger zuweilen, da
Treue, Einschränkung der Freiheit und entschiedene politische
Führung zu den ersten Opfern der Sprachtechniker unserer Ter-
rorherrschaft gehörten, indem diese jene für sich einspannten.
Ihre Behauptung ist also mit der Zumutung verbunden, selbst
genau hinzusehen.

Ein starker Ansatz hierfür liegt in der Verfassung der deutschen Bundesrepublik. Besonders durch die Grundrechte, das
Unterwerfungsverhältnis des Staates unter das Naturrecht,
durch die Sozialverpflichtung und den Minderheitenschutz,
durch die Privilegierung der Familie, durch die Priorisierung
der Schutzgüter und das Bekenntnis zur säkularen Aufklärung
durch Vernunft; vor allem aber im Auftrag an alle, sich aus Verantwortung aktiv, an der lernenden Entwicklung der allgemeinen Lebensumstände zu beteiligen.

Die unmittelbaren Folgen und Weiterungen, die sich aus
dieser grundlegenden Vorentscheidung zwingend ergeben,
können nicht positiv, mit Rang und Namen und Kenndatum,
definiert werden. Sie stehen jedoch, durchweg und immer, in
der Pflicht, sich angemessen als dienend und wertvoll für die
Gesellschaft zu legitimieren. Die bloße Berufung auf den Segen
des freien Marktes ist nichts weiter als Ideologie für die Mario-
nettenspieler der Macht.

Da gilt es mittlerweile einiges klarzustellen, zu korrigieren
und aus einer irrigen Engführungen zu lösen. Dies betrifft vor
allem die Sprüche kleinmütiger Rechtsexperten im Vorfeld der
deutschen Wiedervereinigung in den 1980er Jahren. Damals
war die Welt ja noch einfach strukturiert: als binäres System, in
dem Materialismus und politische Apathie den Ton angaben.

Die Zukunft wurde unter dem gegenwärtigen Schlagschatten der Vergangenheit getrost vergessen. Die Patriarchen durften noch, ›der‹ Kapitalismus wähnte sich vor einem historischen Endsieg.

Diese Gemengelage hat dazu beigetragen, die Zumutung der Verantwortung abstrakt zu machen, sie zu institutionalisieren, zu internationalisieren und zu kapitalisieren, den Mächtigen damit faktisch einen doppelten Boden zu bereiten, auf dem sie sich halb verborgen immer weiter aus der gesellschaftlichen Bindung lösen durften. Indessen ließ sich ›das deutsche Volk‹ weiter von direkter Teilhabe durch Bildung, Öffentlichkeit oder Engagement befreien und wurde in Ohnmacht und Unmündigkeit abgeleitet. (Man sieht es schon kommen: das Leuchten auf den Gesichtern derer, die es geschafft haben, ›dem Volke‹ zu ›der Völkin‹ umzugendern.)

Nunmehr tritt, trotz allem, mit den Kindern der ›68er‹ die erste Generation der kulturellen Demokraten in die entscheidenden Positionen der Gesellschaft. Wir sind mit einem Weltbild sozialisiert worden, das die Geltung der qualitativen Werte unseres Gemeinwesens im Sinne des Grundgesetzes suggeriert. Uns wurde ein pädagogisch angewärmtes Wohlfühlengagement und die Erfahrung vermittelt, es stünden alle Möglichkeiten offen, die Meinung habe einen Wert an sich und es komme auf jede/n von uns an, ›die Welt ein Stück besser zu machen‹. Auch wurde uns die einnehmende Weltsicht des EU-transatlantischen Provinzialismus zu Teil.

So sind wir geworden: geschwächt, entgrätet, naiv und voll zaghafter Selbstüberschätzung, aber: endlich frei (naja) vom emotionalen und ideologischen Gefechtsfeuer der Kriegs- und Nachkriegszeit. Ernüchtert durch die hedonistische Selbstzufriedenheit der eigenen Eltern, tragen wir ›Baby-Boomer‹ ein Potential für Vernunft und Reife.

7.6 Gutes Potential ist ein Auftrag

Das entsprechende politisch-moralische Bewusstsein konnte durch mediale Vermittlung an den zynisch-weltfremden Konflikten der 1970er und 80er reifen: am Vietnamkrieg, an den RAF-Krisen, an der gewaltsamen Durchsetzung des Atomlobbyismus, am Zerbrechen der sozialliberalen Koalition und der Niederlage der Kultur des Vertrauens in die Moral der Politik 1982. Schließlich folgten der ›heiße Herbst‹, das Misstrauensvotum der formaldemokratischen Macht gegen die Bevölkerung. So wuchs eine Generation mit dem Gespür für verlogene, halbherzige Zwischen- und Untertöne, das Verzerren und den Missbrauch des demokratischen Ideals heran.

Diese Möglichkeit, nichts zu erben als Schulden!

Zugleich sind wir charakterlich schwach und unentschlossen geblieben, gütig verstehend, verzeihend – oder eben einfach junge Hunde: verspielt, geil und rücksichtslos. Unsere Beziehungshaltung zur wirklichen Handlungswelt ist geprägt durch einen Glauben an Sicherheit, Selbstvertrauen und Friedfertigkeit einerseits und andererseits durch Armut des realen Erlebens. Virtualität und Komfortreisen ersetzten existentielle Erfahrung, abstrakte Begriffe von Not, Leid und Brutalität deren Anschauung als Betroffene. Wir können uns eigentlich alles leisten. Also leisten wir vieles, hier und da, auch dort; nur die Arbeit an der Integrität leidet. Wir leisten uns keine Mitte.

Diagnose: Die transitorische Ableitung der Tradition zur Integrität ist bisher nicht gelungen. Die Übersetzung des klassischen Geistes der Aufklärung in reale Politik hat es immerhin ins Grundgesetz geschafft. Von da aus ist es nochmal ein weiter Weg, auf dem wir unentschlossen herumstolpern. Den Weg zu gehen, den wir finden, indem wir ihn an jeder Weggabelung, in jeder Entscheidung, im Blick in den Spiegel erspüren, sieht anders aus.

Im Gegenteil, Desintegration, Desorientierung, und Demotivierung schreiten fort, je mehr unser Erleben realer Arbeit in den Lebensbeziehungen abnimmt und das Grundverständnis unseres moralischen Gemeinsinnes ebenso wie die Allgemeinbildung erodieren. Stillstand gibt es nicht. Aber Sumpf.

Zwischenspiel

Es waren einmal: Eltern. Sie hatten ein Kind, das wollten sie so erziehen, dass es glücklich wird und es guthat. Sie gaben ihm alles, was sie selbst hatten, Mahlzeiten, Kleidung, ein eigenes Zimmer, ein iPhone. Hinfallen ließen sie es nicht. Sie ließen es reisen und in Ruhe, hatten immer Verständnis, wenn es etwas wollte. Es wollte nie etwas.

Der Nachbar hatte einen Hund. Der will nichts tun! War wohl sein Name. Ungestüm war er, hat aber nie gebissen. Nur Autos und Leute erschreckt. Dumme Panik, die müssen halt aufpassen. Der Mann hatte keine Freunde.

Davon, Hund und Kind, machten sich auf ihren Weg. Irgendwie gingen sie verloren. Sie riefen nicht, denn sie wussten nicht, dass sie Hilfe brauchen. Sie baten nicht, denn niemand war verantwortlich. Sie störten nicht, denn sie hatten keine Zukunft.

Und wenn sie nicht gestorben sind, spuken sie weiter: als Erinnerung.

8 Verantwortung

Verantwortung hat, wer bestimmt ›was passiert‹. Die Absicht zählt nicht, denn sie geht in der Tat auf. Sie verlangt meine Antwort auf Recht und Schlecht, eine vernunftgewirkte Haltung. Die Wirklichkeit übertrumpft allenfalls meine Wahrheit. Damit gelangt das Rechte und Schlechte in meine Absicht, Kimme und Korn, so ermittle ich die Tat. Ob ich sie im Nachhinein ›übernehme‹, wie Verantwortungsträger manchmal erwägen, ist dann eine Frage der Ehrlichkeit. Ich erkenne an, verantwortlich zu sein und stehe dazu, die Konsequenzen mitzutragen.

In der Verantwortung sehe ich die innere Struktur: Ja, so bin ich mit der Welt vernetzt. Aus Verantwortung zählt nur meine ehrliche Absicht. Die kenne ich besser als die Folgen meiner Handlung, aber auch nicht gut genug, um sie für wahr zu halten. Ich muss mich beständig ausrichten, durch das was ich über mich, über die Welt lerne und darüber, wie sie durch mein Handeln mit mir verknüpft ist. Diese Ehrlichkeit ist robust gegründet, sodass sie mir zur Not sogar hilft, ganz ungewollte Folgen abzufedern, mein Handeln zu verwerfen, ohne mich selbst aufzugeben; lernend finde ich dadurch noch sicherer zu mir. Erst auf diese Weise kann ich überhaupt mein Leben in die Hand nehmen.

So bin ich eingewoben in diese Spannung und mache mich auf den Weg. Ich erfahre Beziehungen in der Arbeit, die verwickelten Verhältnisse der Macht, das Stärkende und Schwächende der Abhängigkeit, Choreographien des Umgangs mit Wissen – was, wie, wozu. Verantwortung gipfelt darin, sich ihrer Grenzen, der wirklichen Reichweite meines Gesichtskreises, je bewusst zu werden. Das Peter-Prinzip begreife ich als Mahnung, wende mich ab von seiner Logik, gegen den Sog seiner Schwerkraft: »In jeder Hierarchie neigt man dazu, bis zur Stufe der eigenen Inkompetenz aufzusteigen«, dorthin, wo die Drift des eigenen Antriebs ausläuft, wo der Schwung der Wertschöpfung verebbt, wo Gewohnheit und Routine nicht mehr weiter tragen und ich einfach nur noch störe, Schaden anrichte. Beim besten Willen? Nein, eben nicht. Der beste Wille weiß um seine Grenzen und nimmt sich zurück. Denn ich bin frei. Darauf sind alle anderen angewiesen.

Die Korrektive einer Arbeitshierarchie greifen dort ja nicht zuverlässig, sie fassen mich nur von außen. Da ist die dunkle Seite des Mondes, die nur ich selbst erkennen kann. In der Arbeitsorganisation müssen wir im Grunde ohne sie auskommen. Das klappt auch recht gut, wenn wir großzügig sind, Lernen gewähren. Mit eingepreisten Redundanzen schaffen wir Raum, in dem sich die Selbstbegrenzung schulen und herausbilden kann.

Der Überfluss ist nur dann überflüssig, wenn er nicht aus der Wertschöpfung strömt, den Fluss der Mitte stört oder selbst blockiert wird. Halten wir für das überfließende Räume vor, schaffen wir Optionen, Resonanzkörper, in denen ich lerne, mich wieder einzufügen, das Überschießende abzuleiten, zurück in seinen Zusammenhang, ohne Schaden für andere oder mich; mit Mehrwert aus dem Lernprozess. So arbeite ich integer, steuere mit dem Versuch, über mich hinauszugehen, zum Gedächtnis des Ganzen bei. Die Redundanz hilft, den Wert zu erhalten und ist zugleich, funktional, ein Puffer gegen Reibungsverlust nach außen. Wehe uns aber: die Eitelkeit! Sie macht den Peter blind und rücksichtslos, unfrei.

8.1 Kontakt-Aufnahme

Verantwortung entwickelt sich durch die Pflege meiner Haltung. Zutrauen in mich selbst stiftet das Gebäude des Glaubens, an mich, die Welt, andere. Ich kann mich überhaupt in Abhängigkeit als bedürftig sehen und mich, als Kompetenz, sinnvoll einordnen. Hier erfahre ich, was ich bewirke, wie ich mein Wirken stark und sicher gründe, wie ich mit mir und in der Welt umgehe. Im Navigieren durch Macht und Glauben entsteht die Möglichkeit von Vertrauen.

Auf dem Weg, den wir nicht verlassen können, nur falsch gehen, geht es um die Haltung jedes kleinen Schrittes. Nutze ich die Möglichkeit, meine Freiheit, dir und euch den Raum zu lassen, Vertrauen zu hegen, oder täusche ich durch dieses Signal nur vor, vertrauenswürdig zu sein, enttäusche und verwirke diesen Ansatz?

Die *Minima Moralia* ist keine Frage des moralischen Geschmacks. Sie ist die Grundschuld, die Differenz des Noch-Nicht im Jetzt. Die haben wir, uns selbst und einander gegenüber nach der selbstverständlichen Grundvoraussetzung unserer Verfassung als Bürger dieses Landes und einfach als Menschen einzulösen. Also, auch wenn es sich wiederholt, so wie der Takt von Herzschlag und Atmen: Im Kleinsten erleben und durch das Alltägliche erfahren wir, was es mit Achtsamkeit, Hinschauen, Rücksicht auf sich hat; was es mit uns macht, wie es uns informiert, stärkt, erfreut, uns weiter bringt – ganz wach im Hier und Jetzt, um Mensch zu sein.

Ein Blick auf das Verhalten im Verkehr, in den Straßen und Kanälen belehrt uns darüber, wie wenig diese schlichteste Grundvoraussetzung sich tatsächlich selbst versteht. Es zeigt sich, dass der Mensch keinen moralischen Charakter hat, sobald er nicht mehr unmittelbar durch andere oder durch Dressur auf seine sozialen Schuldigkeiten gestoßen wird. Jede Regel steht in Frage, selbst diese. Kein roter Faden ist sichtbar. Konvention, Zuwendung, Achtung? Nein, stattdessen kurzatmiges Verrichten, freudlose Gesichter. Überall spiegeln sich die kalten, verzagten, harten Herzen wieder und wieder, im Ausdruck, der Haltung, den starren leeren Blicken. Und selbst in engen Gemeinschaften, für die Gegenseitigkeit nie in Frage zu stehen schien, verliert der Wille und die Fähigkeit, das Richtige zu tun, Kohäsion und Kohärenz. Wir wollen ihn/sie/es sein lassen, wie es/sie/er ist, ohne Übergriff, nicht einmal im Handschlag, Austausch ohne Reibung: intime Nähe ja unbedingt, aber nur mit Vertrag. Man muss ja auf dem Marktplatz bestehen können, falls die sozialmediale Mikrologie Anstoß nimmt.

Jene da sind doch immer die anderen, die gehen mich eigentlich nichts an. Ich husche zurück in meine Nussschale, beobachte, nehme Anteil von Ferne. Ich schulde ihnen nichts, solange ich es nicht ausdrücklich sage. Das ist meine Macht, denn auch du schuldest, bedeutest mir nichts. Wir reihen uns als Faktoren ins Nullsummenspiel ein: Gamification, Digitalization, Information Technology, Modular Functional Enhancement: Intelligent Design, Plutimikation, Lustifikation. Wir unterwerfen uns dem Algorithmus, dem Rechner, Programmierer im postmodernen Kumpelton, geben alle Verantwortung ab und erwarten die bunte Welt des Vergnügens? Mit dieser Umkehrung verleugne und untergrabe ich meine soziale Existenz, meine Freiheit und meine eigene, innere Gesundheit.

Verantwortung verlangt, dass jemand zum Antworten da ist. Ich bin organisch. Mich elektrisiert Kontakt, Reibung, Auseinandersetzung, Erleben, viele gute alltägliche kleine Geschichten bringen mich zum Laufen. Das ist keine Sozialromantik, sondern ein menschliches Naturgesetz.

Ich reiße mich zusammen, sammle mich und nehme eine anständige Haltung ein. Mein Herz wird zur zentralen Schnittstelle. Ich folge der Spur, dem Duft der Freude, mein Herz schwillt an, mein Geist wird klar. Ich nehme den Weg an, stelle mich, hebe den Kopf: zur Übersicht.

8.2 Einblicke

In der Zeit sehe ich Verantwortung für den Umgang mit dem Vergangenen; für die Entscheidungen, die ich jetzt treffe. Nun aber geht es um mein Handeln, also vor allem um Verantwortung für die kommenden Generationen, jetzt und hier. Was bleibt von mir, was wird? Fußabdruck, seismische Schwingung. Wir machen uns diese Aufgabe selbst schwer, denn Fokus und Zyklus unserer Aufmerksamkeit oszillieren nahe am Hier und Jetzt; aber der Blick geht auf andere Orte als die Füße.

Folgt Politik der Schwerkraft, dann vertaktet sie mit ihren Satzungen den Horizont der Verantwortung, auf vier oder fünf Jahre, auf Planen, ohne anzupassen. Die innere Zeit des Gestalteten wird durch die äußere des Messens gepresst. Keine Spur bleibt von der eigenen Zeit und Logik der Sache selbst, der sie dienen soll. Das ist eine große Versuchung, weil alles einfacher wird, beschwingt durch Machtphantasie. Auch wenn es falsch und unverantwortlich bleibt, so erzeugen wir die narrative Blase, in der wir selbst glauben mögen, was sich uns da im Zerrspiegel zeigt. Hans Guck-in-die-Luft verliert sich in kindischem Narzissmus; im Spiel der Wolkenschatten fiel alles ins Wasser, seinen Hochmut gnädig ernüchternd. Jener Bruder im Geiste, der Zauberlehrling, hatte immerhin seinen Meister. Der nahm ihm die Verantwortung aus den schlotternden Händen.

Wir müssen das alles selbst richten. Das kommt davon, wenn man sich anmaßt, ein Mensch zu sein.

Wie das geht, ist kein Geheimnis. Die Zutaten werden hier und da, so und so gemischt und zubereitet. Aber warum kommt nichts Rechtes dabei heraus? Es ist eine Kunst, kein Malen nach Zahlen. Verantwortung ist ein Versprechen und eine Zumutung, die ich biographisch in der Position meiner Haltung einzulösen habe. Mein Hier reicht nie und nimmer dafür aus. Das ist mein Standbein; der Punkt, von dem an ich mich weiterbringe, mich über das Jetzt hinauslöse, um voranzukommen. Meine Bereitschaft umfasst Haltung, Achtung und Antrieb in Vibration zu versetzen, durch diese Amplitude hindurch alles zu spiegeln, zu antworten und aufzunehmen. In dem so gemusterten Handlungsbogen gestalte ich das Kleid der Verantwortung. Sie wird. Wo sie ansetzt, liegt in der Sache. Frag' nicht. Sieh hin.

Indem ich anfange, Menschen innerlich ganz – und nicht mehr nur als Merkmalsträger – anzusehen, setze ich eine Kaskade der Aufmerksamkeit in Gang. Der erste Schritt ist, im Anderen den Menschen zu sehen; mich fremd zu sehen. Ich stelle dich in eine direkte Beziehung zum Begriff des Menschen. Aus diesem Dreieck – ich, du, *wir* – gewinne ich die Folie, dich aus deinen Merkmalen, durch mich, als ein Individuum zu erschaffen. Nur aus dieser Aufstellung heraus kann und darf der Mensch, kannst du Gruppen, Typen oder Kategorien zugeordnet werden. Und diese Zuordnung ist immer vorläufig, relativ zu den Bedingungen der Situation, zur Beziehungslage und zum Sinn.

Das heißt, Arbeit wieder auszumitteln, zu ermitteln, zu vermitteln. Mühsam, emsig, gewissenhaft gewinnen wir die Skala für Bewertung und Vergleich, die den Einzelnen nicht vereinnahmt, reduziert, benutzt. Was auch immer für das besondere Interesse an spezifischen Gruppen spricht – sei es Macht unter Menschen, sei es Gerechtigkeit, sei es Kooperation oder

Schutz; wenn wir also gutwillig über Generationen, Gender, Hierarchien, Ethnien, Biographien usw. reden dürfen, dann nur in Skizzen: durch Entwürfe zum besseren Verstehen und zur Diagnostik von Übeln, als Grundlage für Eingriffe, Korrekturen. Dann gibt es weder Rassismus noch Faschismus noch die Rechtfertigung der mit ihnen verbundenen Übergriffe. Die Allianz aus Gruppenzwang und Manipulation bricht auf. Die Magie der Menschmasse hat sich ab- und ausgestempelt.

8.3 Entwirrung

Einen Schritt weiter schweift der Blick der Verantwortung auf den Deutungskreis der Abstempler, dieser machtvollen, verkannten Zeitgenossen. Sie herrschen im öffentlichen Raum, in dem die Sprachen der Rechtgläubigen und der Renegaten geprägt werden. In den Diskursen, in Religion, Politik, Feuilleton und Wissenschaft. An den Übergängen, von meinem Wahrnehmen zur Wahrheit. Sie stellen fest, was frei bleiben muss, was ein Embryo ist, wie Gott spricht, was ich bin. Die erste Aufgabe besteht darin, die Deutungshoheit zu sichern; zu herrschen über die Symbole, die Autorität verleihen. Was uns etwas gilt, weil es gültig ist, ist legitim. Qualifizierte Führung ist ein Glück, auch wenn es Anmaßung und Lüge ist.

So bin ich eingewoben: Verantwortung ist der immer vorläufige Bereich, in dem sich die Geltung des eigenen Willens ausdehnt durch Ansprüche und Handeln, soweit es dabei um Handlungsfolgen geht. Ich trage auch für innere Handlungsfolgen Verantwortung, vor allem für diejenigen, von denen sonst niemand erfahren kann. Was und wie ich webe, erlebe nur ich. Das Gewebe ist meine Erfahrung. Es ist ökonomischer, gleich gut zu weben, mich in der Haltung zum Guten zu erleben, als erst im Erfahren auf Position, Rhythmus, Qualität zu achten. Die

Vernunft als Lenkerin unseres Kurses braucht Augen, Hand und Fuß, aber auch ein Herz. Die Kammer der Verantwortung ist das Gewissen. Es fährt auf Sicht.

Ja, die Verantwortung ist vorläufig und sektoral begrenzt. Wenn auch das Wer unbedingt auf der Hand liegt, schwimmt das Wofür funkelnd im Wellenkreis dessen, was ich erfasse. Aus dem Interesse des Gewissens und seiner Anteilnahme schwingt sich meine Verantwortung auf, stößt eine Etappe im Bildungs-, Kultivierungs- und Kompetenzprozess an. Zugleich kann sie ins Straucheln geraten, aus ihrer regressiven Neigung, gefährdet durch Korruption und Verwahrlosung. So steht sie unter dem Vorbehalt der Bewährung. Die Lizenz, ›Verantwortung zu tragen‹, drückt ein imperatives Mandat aus, im Bewusstsein aus Freiheit zu handeln.

Das Beispiel ›Generationenvertrag‹ zeigt, wie wenig dies an unserer Willkür hängt und wie stark unsere Spielräume durch bestehende soziale Geflechte und Verbindlichkeiten als Hilfsmittel und Ausdruck der Freiheit eingeschränkt sind. Eigentlich haben wir keine große Wahl im Guten. Das ist eine einfache moralische Wahrheit. Warum fällt es dann so leicht, sie nicht zu achten?

Der erste Generationenvertrag ist eine natürliche Selbstverständlichkeit – jedenfalls in Gesellschaften, die sich nicht modern nennen. Das ›Für-Einander‹ aus dem ›Mit-Einander‹ der Familie und Gemeinschaft wird auf die Gesellschaft übertragen, entsprechend abstrakt und institutionell gefasst. Der zweite Generationenvertrag ergibt sich zusammen mit einem Systemsprung und Mehrwert daraus: Die Daseinsgemeinschaft veredelt sich zur humanen Gesellschaft. Sie verlangt und bietet mehr als Versorgungs- und Fürsorgegemeinschaft, mehr als eine Betriebswirtschaft. Sie erst stellt den Übergang in eine Volkswirtschaft, ein Haus für Menschen, die sich nicht kennen, erleben, aber voneinander wissen und mit einander rechnen. Dann ermöglicht die Ökonomie qualitatives Wachstum: durch Frieden, Kultur, und Zusammenspiel. Das ist ihr einzigartiger Mehrwert.

Dieses Spiel können nur alle gemeinsam gewinnen, indem sie die Zukunft verlässlich, robust und nachhaltig zur Gestaltung sichern. Trittbrettfahrer kann sie sich kaum leisten, denn ein fauler Apfel vergiftet, ruiniert dieses zarte Pflänzchen. Nicht zu vergessen bleibt, wie neu das alles historisch ist und wie unerfahren wir im Umgang mit der Bürde dieser Versprechen sind. Wir können diese Denkerfahrung noch nicht mit den Mustern des Erlebens verbinden.

Dennoch ist sie belastbar: Verantwortung ruht sowohl auf den Einzelnen als auch auf den gesellschaftlichen Trägern, also auf einer Vernetzung zweier Ebenen zu einem nie da gewesenen Raum, in dem die Sonne aufgehen kann. Dass dies funktionieren kann, hängt dementsprechend vom Zusammenwirken zweier notwendiger Voraussetzungen ab: von der gemeinsam erzählten Geschichte und der gemeinsam organisierten Arbeit. Konkret heißt das: von unserem Verfassungspatriotismus und der solidarischen Arbeitsorganisation, die uns eine Zukunft nicht nur verspricht, sondern uns auch die Mittel und Wege dafür in Aussicht stellt.

Vor dieser Entscheidung sind wir offensichtlich mehrmals falsch abgebogen. Statt zur Verantwortung ging es in die gesellschaftliche Verarmung; von der solidarisch verbundenen Haushaltsorganisation zur Desintegration, zur sozialen Entkräftung. Am Höhepunkt ihrer Geschichte, in den Brandt-Jahren, im Angesicht eines Lichtleins am Ende des Tunnels – was taten wir da? Wir sind nicht auf dem Weg geblieben, gesammelt und zielorientiert, bescheiden und fleißig, sondern haben mit spitzer Hacke und Brandbeschleuniger nach Abkürzungen gesucht, um den Triumph des Abgrunds zu erzwingen – ausgerechnet über den pornographisch-perversen Abweg durch den Nuklearkern. Erst die Physik, dann die Genetik. Nun bauen wir (wieder einmal) den neuen Menschen.

Technokraten, Materialisten, Positivisten gewährten wir die Macht, weil es so billig war. Wir unterwarfen uns weiter, unter Konsum, National- und Staatsdenken, Täuschung, eitle, geile, blinde Nichtigkeiten; weil es so bequemer war. Verfassungspatriotismus? Solidarität? Lebensarbeit? Nicht auf dem Lehrplan.

Wieder triumphierte Angst und Gier über die Liebe. Eine Wirtschaft, die Wertschöpfung satzungsmäßig durch Verkrankung, Morbiditätsausgleich und Fallpauschalen ersetzen will.

8.4 Abnabelung

Nun denn: Haben die ›68er‹ uns, die letzten ›Babyboomer‹, verraten und den ›Pillenknick‹ für ihren eigenen goldenen Lebensabend verkauft? Erst nahmen sie Rache an ihren Eltern dafür, dass sie die deutsche Kultur in jeder Weise missbraucht haben. Dann verwarfen sie selbst dieses Kind mit dem Bade, wurden ihrerseits zu Tätern, nicht verstehend vergebend, sondern in der archaischen Geste des ›Jetzt bin ich dran‹: Ihr ließt unser gutes Wissen, unsere schöne Sprache im Hades der Ewiggestrigen; keine Haltung zur Größe, zur Wahrheit, zur Bekenntnis, zur Gesundheit, ja sogar die Mutterschaft ließt ihr im anrüchigen Nebel der Gedankentechniker Rosenberg-Goebbels verderben.

Zutiefst verworren, was ihr so wusstet, zur Ernährung (kann stärken, dann lieber gegen die Nazis Verweichlichung fördern), zum Rauchen (Ritualsymbolik der Sieger), zu Globuli (gezuckerte Sinnleere einer ›neuen deutschen Heilkunde‹), zu Elternschaft und Autorität (nichts gelten lassen als die eigene

Schwerkraft), zur Demokratie (Herrschaft der Interessenparteien).

Aus dieser zornigen Unschlüssigkeit wuchsen die Kompromisse, halb vorwitzige, halb eingeschüchterte Vereinnahmung der Macht. Man planscht im Wogen ideologischer Rechthaberei. Das bleiben die falschen Mittel. Entschieden für Verantwortung zu sein, verlangt im Gegenteil Demut, Bescheidenheit, der Sache der Kinder zu dienen und sich nicht im Irrlauf der Selbstfindung zu verstricken. Kinder brauchen Eltern. Das versteht sich von selbst. Darum ist klar: Sie werden verraten, weil Väter keine Väter sein sollen oder wollen, Mütter keine Mütter, Kinder keine Kinder, Freunde keine Freunde. Alles wird beliebig, nach Lust und Kaufkraft, gemacht in kindischer Vergreisung.

Nur den Floh der Demokratie habt ihr uns ins Ohr und damit euch selbst ins Fell gesetzt. Ihr habt sie verraten und zum Verkauf unserer Zukunft, unserer Welt, unseres Sinns angeboten.

Aber noch seid ihr ja in allerlei Gestalt vorhanden. Da mag sich doch wohl manch ein Gewissen regen, Freude an der Verantwortung wecken. Zeit und Kraft, endlich etwas Bleibendes zu schaffen. Davon habt ihr reichlich gehamstert.

8.5 Erb-Last

Wie nimmt man solch ein Erbe an? Bieten wir ihm ein zu Hause. Der Ort dieses Bleibenden wäre einmal die Welt. Welche Welt kann das sein? Ihr transatlantischer Ausschnitt? Die heile Vergangenheit des Aufbaus? Ein Mauern stürzender Sieg der Geschichte?

Oder: Die Welt ist dort, wohin ich laufen kann.

Ehe wir Hoffnung schöpfen und an die Weite Eurasiens denken, erst einmal dies: Wir kleben noch am Mythos des National-Kolonialismus fest. Um den heutigen, neoliberal hochgetunten Kolonialismus zu verstehen, seine ureigene Qualität und Wirkmacht zu sehen, ist es ganz falsch, gleich die Wirtschaftsunternehmen, Billighändler oder nationale Klientelpolitik verantwortlich zu machen. Zum Beispiel verhalten sich heutige Kolonialwarenhändler ebenso wie immer seit dem 18. Jahrhundert. Sie schaffen eine Nachfrage nach einer Fülle immer neuer Artikel – sowohl durch Preis- als auch Qualitätsversprechen. Sie florieren, wenn die Käufer sich entscheiden zu kaufen und sie vergehen, wenn sie sich nicht dazu entschließen. Und sie etablieren den Grundton einer ganzen ›Kultur‹, naja: Konjunkturmode.

Die Ausrede der Verantwortungslosen (›wir haben doch keine Wahl‹) gilt nicht mehr. Spätestens seitdem die Planmangelwirtschaft bei uns durch die Überflusswirtschaft abgelöst worden ist. Die Macht lieg – zwar sublim anonymisiert, aber doch zurechenbar – bei viel mehr Menschen auf Seiten der Nachfrage als bei denjenigen, die so fragwürdige Angebote machen. Der Hehler und der mitwissende Käufer sind nicht etwa besser als der Stehler! So hieß es noch vor einer Generation. Wir lernten dann, dass der Hehler pragmatisch legitimiert wird, wenn seinem Verhalten Regeln folgen, die die Gesellschaft seines Käuferkreises schützen; ein Persilschein für Geldwäsche. Den Stehler soll sein Gewissen zwicken, der Hehler braucht keines.

Ein großzügiges Augenzwinkern im Angesicht der Erfindungskraft des ewig Menschlichen wird – dem § 259 StGB zum Trotz – in dem größenwahnsinnigen (oder vielleicht doch weltvergessenden) Moment zur haltlosen Ermächtigung; wenn es nicht mehr um Einzelfälle geht, für die ich mich konkret verantworten kann; wenn es stattdessen bewirkt, dass die Muster des Handelns allzu weitmaschig und dehnbar werden.

Wie aber soll nun, nachdem die frivole Korruption unseren Alltag übernimmt und im Großen so lange schon das Regime ausübt, ein – nicht zynischer – Wandel in der Legitimation und Verantwortung stattfinden? Wie diffundiert die Qualität der menschlichen Schuld über die Marginalien der Transaktions-Hehlerkette, vom ›Stehler‹ bis zum Konsumenten?

Machen wir uns nichts vor: Jeder Käufer trägt – und in jedem hingeklickten ›Like‹ steckt – dieselbe Verantwortung; eben dieselbe Qualität wie die der anderen Glieder dieser Kette. Ein schmutzgiftiger Braunton. Unwissen ist in einer Demokratie, die reich, informiert und aufgeklärt sein will, keine Entschuldigung, sondern eine Selbstanklage. Hinsehen ist Pflicht, erst recht auf das Abscheuliche. Keine Angst. Nur Furcht.

Besonders aber diejenigen, die diesem Verfahren einen Anschein von Normalität geben, als Gesetzgeber, Aufsichtsbehörden, Verbandsfunktionären, Öffentlichkeit: Wo bleibt der Widerstand des Anstands, der uns doch so leicht gemacht wird in unserer Demokratie? Wo die bürgerliche Selbstverwaltung, die unmittelbare Beteiligung an der Erfüllung staatlicher Aufgaben: Übertragung von Verwaltungsaufgaben an juristische Personen, an denen wir teilhaben. Schon mal gehört?

Subsidiarität richtet den Haushalt ein, in dessen Räumlichkeiten wir unsere Verantwortung gestalten können; ja müssen. Vom Gesundheitsbereich (Sozialversicherungsträger) bis zur Wissenschaft (›Selbstverwaltung‹): Überall zeigen sich die von uns formal Ermächtigten als fundamental überfordert – sowohl mit dem Auftrag, die Gesellschaft gerechter und menschlicher zu machen als auch mit der Aufgabe, dies in einer Weise zu or-

ganisieren, die Sachkompetenz einbindet und die Bürger einlädt. Schon die Namen sind eine Zumutung und stoßen aktive
Teilnahme ab: Gemeinsamer Bundesauschuss (G-BA) – was erwartet man von Ausschuss? Berufsständische Körperschaften –
hat das etwas mit meinen Arbeitsbedingungen zu tun? Man
ahnt noch nicht einmal, dass es einen etwas angehen könnte.

Und wieder verzichten wir auf Ressourcen menschlicher
Wertschöpfung, die unser Gemeinwesen stärken würden. Wir
bleiben bedürftig. Anstatt nachhaltig zu wirtschaften, zwingen
wir uns zu einem System, das die Wertschöpfung nach außen
ablenkt, in eine Beutewirtschaft, die immer nur einnimmt, nie in
Frieden leben kann.

Durch die allgemeine, menschenrechtlich verankerte Verantwortung jedes Bürgers in einer Demokratie, die wir nicht
wahrnehmen, sind wir also mehrfach beteiligt an der Verschleierung und Ausbeutung des heutigen, sublimierten Kolonialismus: als Konsumenten, ermöglichende Mitwisser und Legiti-
mierende des regulatorisch-administrativen Systems. Und zu-
sätzlich in weiteren Rollen, über die genug gesprochen wird:
Rüstung, weitere Destabilisierung, Zerrüttung von Umwelt,
Wirtschaft, Gesellschaft in den Beuteländern.

Der Hehler trägt keine geringe Verantwortung. Er ermöglicht dem initialen Stehler erst, aus einem kriminellen Unding
eine ökonomische Transaktion zu machen. Er stellt den gesamten organisatorischen Apparat zur Verfügung: von der Umwandlung einer Tätigkeit, die nur verstohlen oder unverschämt
Gelegenheit nutzt, in die Formensprache wertvoller Arbeit. Die
Schattenmänner kleiden sich in Spiegelfolie und spielen ›Sonne,
Mond und Sterne‹. Wir sehen zu, klatschen und rufen Zugabe.
Eine weitere Drehung im Leerlauf setzt ein. Die schlüpfrige Attitüde der Distanz im ›freien‹ Markt ergänzt die Manege des
Schwindelns um die schamlose Figur des Negativkomplizen.

Als wären wir freie Radikale, unzurechenbare Objekte einer Inszenierung und nicht ein schmieriges Zerrbild der Freiheit.

Wir nehmen die Privilegien der Anleihe auf Würde und
Menschlichkeit, erweisen uns jedoch als nicht kreditwürdig.
Diese Verstellung, die sich in der Deutung und Definition des
Menschen entlang eines bürokratischen, fachlichen oder sonsti-
gen Jargons (sei es Rasse, Geschlecht, Genom, Gebiss oder Kasus) anstatt aus dem Ausdruck der inneren Eigenschaft des
Menschen erschließt, ist übergriffig. Sie ist pathologisch und pathogen. Wir leben in keiner gesunden Gesellschaft, solange wir
den Anspruch einer humanistischen, aufgeklärten Demokratie
so vor uns hertragen, also eine gesunde Ordnung nur denken
können. Das heißt zugleich: Wir brauchen Therapie, Pflege, Heilung.

8.6 Selbst-Vergewisserung

Unser neo-frivoler Kolonialismus ist parasitär. Er zerstört die
materielle, geistige und Wertebasis unserer Gesellschaft und die
Welt, seit zweihundert Jahren. Ein Algorithmus der Entfremdung. Er kennt nur wachsen und fressen. Der Hunger hört nie
auf, denn keine Substanz nährt ihn, nichts macht ihn satt. Ein
bösartiger Gewebe-, Hirn-, und Herztumor. Indem er die Standards und Praktiken der Weltwirtschaft infiziert und gerade so
eben wieder eine Nuklearkatastrophe vermieden hat, stehen wir
nun vor dem Problem einer sub-nuklearen Selbstzerstörung.
Unsere Welt ist endlich, materiell definiertes Wachstum stößt irgendwann an Grenzen seiner Transformierbarkeit – solange es
sich nicht selbst zu einer Qualität umdeutet, die dem Gegebenen
einen in sich ruhenden Wert zuerkennt.

Woran bemisst sich der innere Wert, der mit meiner Verantwortung korrespondiert? Ein solcher Wert muss ja im Kern

mit mir zu tun haben, in mir wurzeln. Es kann also nicht um etwas gehen, das irgendwie da ist, gegeben oder gemacht, zu dem ich in keiner Beziehung stehe, außer dass es vorhanden und gelegentlich zur Hand ist. Mein Respekt gegenüber der Würde des Anderen, gegenüber der Schöpfung, gegenüber dem, was nicht von mir ist und das zu verstehen oder über das zu verfügen ich keinen Anspruch habe; all dies untersteht aufgrund seines, wiederum, eigenen Wertes nicht direkt meiner Verantwortung. Ich lasse es sein.

Der Wert, für den ich unmittelbar Verantwortung haben kann, hängt von mir, von meiner Arbeit ab, von der Geschwindigkeit und Richtung, die ich in mein Handeln lege: Beschleunigung, Entschleunigung, vom Sinn der Handlung und von der Qualität meines Wirkens, in der Aufmerksamkeit für das, was ich mache.

So liegt der Verantwortungswert des Flaschenpfands zum Beispiel nicht in der materiellen Abbildung von anteiligen Kosten im Wirtschaftskreislauf, egal ob 8 oder 15 Cent. Er liegt im subtilen Justieren der Aufmerksamkeit: Ich sehe nicht mehr so einfach darüber hinweg, dass hier etwas ist, dem ich Achtung schulde – ob ich diese Schuld nun ökonomisch, sozial, ökologisch, pragmatisch oder metaphysisch verstehe.

Der Wert liegt darin, dass ich anerkenne: Dies hat etwas mit mir zu tun, ich bin konkret damit verbunden! Aus der formlosen Masse, aus dem Grundrauschen der um mich her zwitschernden Ereignisse tritt etwas auf mich zu, geht mich an. Das ›Pfand‹ setzt einen Übergang frei, die habituelle Reizreaktion, die mich sonst im stumpfen Kreiseln des Konsumierens am Laufen hält, tippt mich aus diesem Schwindel, zeigt mir den Horizont, in dem ich eine Rolle spiele.

Jetzt beachte ich die Glasflasche. Damit gebe ich mir eine Gelegenheit, meine Brille zu putzen, mein Wahrnehmen und

Denken neu einzustellen. Irgendwann fällt mein so verfeinerter Blick vielleicht auch auf anderes, ohne dass es dafür wieder eines solchen Wegweisers bedürfte. Ich weiß dann schon, worum es geht, wie es sich anfühlt, was es für mich bedeutet, einfach das Richtige aus richtigen Gründen zu tun. Ich verstehe, dass da eine Welt in der Flasche steckt, eine Lawine aus Konsequenzen und Weiterungen hinter dem, was ich Vorderhand als mein Tun ansehe.

Auch wenn sie unvollständig und vielleicht sogar falsch sein mögen: Standardmäßige Hinweise auf verdeckte oder indirekte Eigenschaften von Produkten – besonders auf solche, die sich in den Horizonten der Zeitlichkeit und der Weltferne verlieren können – weiten und schärfen den Blick für das, was wir im ritualisierten Tun eigentlich machen. Hinweise auf angemessene Arbeitsbedingungen der Hersteller oder den Verzicht auf Kinderarbeit mögen tatsächlich irreführend sein, etwa wenn sich die tatsächliche Lebensqualität der Betroffenen dadurch keineswegs verbessert wie suggeriert.

Aber die Suggestion selbst hat, wenn dies nicht zynisch verstanden wird, ihren eigenen Wert. Sie erschließt Dimensionen der Dinglichkeit des ›Produkts‹, die aus dem Material etwas Lebendiges, Gewordenes und Gemachtes entstehen lassen – zu etwas, das ich selbst als zu meiner eigenen Lebenswelt gehörig auffassen kann. Ich werde kompetenter, weil ich erwarte, bereit bin, mich darauf einstelle, dass da noch etwas ist, das ich mit bedenken sollte. Die Dinge, Waren, Leistungen werde zu Beziehungsgegenständen meiner sozialen Lebenswelt. So kann ich in den Lernprozess eintreten, indem ich mein Handeln als Beziehungsarbeit verstehe.

8.7 Orientierung

Diese Teilhabe ist existentiell und trivial zugleich. Wir dürfen sie nicht übersehen, denn sie enthält das Buch des Lebens: Verstehen durch achtsames Hinhören. So ein Grundbedürfnis ist die Sicherheit der Ordnung. Lebt man in einer Stadt wie Berlin, dann spürt man einen Unterschied zu Dorf oder Kleinstadt; nicht darin, dass sich der Staat aus der Erfüllung dieses Bedürfnisses herausgestohlen hat (und leicht wurde es ihm gemacht, denn die obrigkeitsstaatlich stumpfautoritäre Polizei der 1970er Jahre hatte keinen Kredit mehr und die neoliberale Geiz-Ist-Geil-Kampagne gegen öffentliche Dienste traf kaum auf Widerstand), und dass der Schupo etwas aus Kinderbücher ist, sondern an dem dritten Weg. Um sich selbst zu helfen, werden weder die Reste einer dörflichen Schicksalsgemeinschaft mit privaten Sicherheitsdiensten mobilisiert noch die isolierten Trutzburgen der anonymen Speckgürtel-Schlafdörfer weiter paramilitarisiert.

In diesen großen Städten, wo auch sonst die Artenvielfalt, die des ländlichen Raumes überholt und Leben sich selbst neu auszudrücken sucht, hat es begonnen zu rumoren. Ein noch unförmiges Gemurmel aus Enttäuschung, Wut, Empörung und Aufruhr. Der Refrain lautet: »Ihr habt uns im Stich gelassen«. Die kommenden Strophen (drei) dürften kreativer geraten. Neuformationen bürgerlichen Engagements, intelligente und friedliche Akte ziviler Aggression, Inseln des verantwortlichen Kümmerns. Und hoffentlich keine Parallelgesellschaften.

Woher kommt die Empörung? Vor der Einfahrt zum Hinterhaus mit zehn Parteien ist der Bürgersteig abgesenkt; in Berlin macht man da nix, wenn jemand so parkt, dass keiner durchkommt. Die Einfahrt ist frei zu halten, sagt auch ein Schild; in

Berlin macht man da nix, wenn jemand so parkt. Sie ist außerdem als Feuerwehr- und Notzugang beschildert, von Amts wegen; in Berlin macht man da nix, wenn jemand parkt. Bürger bittet Ordnungsamt: in Berlin macht man da nix, wenn jemand so parkt, so denn der Parkraumbewirtschaftungsobolus entrichtet worden ist. Bürger bittet Polizei: in Berlin macht man da nix, wenn jemand so parkt, weil Abschleppen wäre Risiko der Polizei; das macht Bürger mal schön selbst. Von wegen Gewaltmonopol des Staates, von wegen Steuer- und Gebührenfinanzierung, von wegen Arbeitsteilung.

Kleinkram? Ja. Die Details, aus denen das Ganze sich verdichtet – Haltung und Tat, Achtung und Folgen – sind ein Zettelkasten: konzept- und sinnlos, verwahrlost; nichts, auf dem Vertrauen aufbauen könnte.

Noch ein Beispiel: Jugendhilfe und Familiengerichte sichern den Bereich der Gesellschaft, der unseren ganz besonderen Schutz genießt? Weh dir, dass du ein Enkel bist! Da springt die Ideologie ein: amtliche Wohlfühlphrasen wie ›Kindeswohl‹ und ›gemeinsames Sorgerecht‹ haben die Reste elterlicher Verantwortung zerrieben und die Lasten einer gespaltenen Loyalität, einer zerrütteten Identität den Kindern aufgebürdet. Auch hier wieder dieselbe Logik. Die Starken delegieren aus Feigheit und Bequemlichkeit Verantwortung auf die immer schwächeren Glieder – eine groteske Verzerrung der Subsidiarität. Das Kind hat ein Anrecht auf gute Erziehung, die Eltern die vornehmste Pflicht, diese zu leisten, Staat und Gesellschaft müssen genau dabei unterstützen. Aber: Erziehung ist nun ein Recht (statt eine Pflicht) für die Eltern und nicht für das (eigentlich erziehungsberechtigte) Kind. Vernunft wird Unsinn, Wohltat wird Plage! »Vertrauen Sie doch auf Ihr Kind«, so die Jugend-›Pflegerin‹ auf die Besorgnis des Vaters, die getrenntlebende

Mutter schütze den Sechsjährigen nicht vor den Porno- und Bru-
talo-Medien des älteren Bruders. Auch wenn die Eltern einen
Lehrerberuf ausüben und es immer noch ›viel schlimmere Fälle‹
geben mag als den gerade vorhandenen: Wer schützt das Kind
aus Verantwortung, geschweige denn: Wer ist Sachwalter seines
Wohles?

Wen wundert es, wenn aus diesem lieblosen Klima und auf
diesem dürren Grund allzu menschlicher Herz- und Achtlosig-
keit auch Vergewaltigung zur ›Formalität zuständigkeitshalber‹
wird oder niederschwellige Terrorwarnungen klinglöckchen-
gleich verhallen?

Es ist viel zu aufwendig, eine Zumutung, durch dieses ab-
schreckende Wirrwarr aus politischem Murks hindurch auf die
Sache selbst zu sehen. Die Gründe laufen auf derselben Ebene
zusammen, da auch Schulen verfallen, Ortsteile veröden, Kran-
kenhäuser geplündert werden: Äußerlich wird das Geld falsch
verteilt, ja, aber im Innern fehlt es an bürgerlicher Treue, Ernst
und Wachheit. Gerade bei Amtsträgern, bei den Verantwortlichen, bei uns allen. Ein Funke Ungerechtigkeit, wenn wieder ein
20-jähriger mit Tempo 80 die Einkaufsstraße entlang rast,
Chauffeure in zweiter Reihe parken und der ausweichende Rad-
fahrer vom Polizisten verdonnert wird zu 50 Euro, weil er sich
an den grünen Rechtspfeil gewöhnt hatte. So etwas kann genügen, um einen Flächenbrand auszulösen. Das ist wohl unwahr-
scheinlich, aber realistisch.

Denn es hat eine Geschichte; einen jeden Verfassungspatri-
oten empörenden Hintergrund aus Überheblichkeit, Fahrlässig-
keit und Dummheit. Jene ›geistig-moralische Wende‹, fort von
der selbst-stärkenden Kultur *mehr Demokratie zu wagen,* zur neoliberalen Austrocknung der staatlichen Aufgaben, die unmittel-

bar der Grundversorgung der Gesellschaft dienen: Justiz, Lehr-
personal, Kultur, Polizei, Ärzte und Pfleger. Das ist alles akten-
und im Ansatz sogar ohrenkundig.

8.7.1 Reihenfolge

Subsidiarität beruht auf der Kompetenz möglichst unterer Ebenen. Wir aber haben über Jahrzehnte zugesehen, wie die unteren
und mittleren Ebenen kaputt ›gespart‹ wurden durch die Umverteilung aus einer menschlichen Wertschöpfung. Wir ›Wir-
Sind-Das-Volk-Bürger‹, von denen alle Staatsgewalt ausgeht,
wollten so gern vertrauen in unsere Vertreter, liehen ihnen unser Zutrauen. Das schwächte unsere seelische Widerstandskraft,
weil wir versäumten die Spannung zu halten, mitzudenken und
mitzuwirken, an den vielen kleinen Entscheidungen, die zum
heute sichtbaren Murks geführt haben. Es würde uns guttun,
uns selbst enger an ›die da oben‹ zu knüpfen, solange wir sie
noch erreichen können.

Weiter aber geht es mit der kleingeistigen Revolution im
selbstgerechten Schein unserer transatlantischen Schutzblase:
Mittel werden umverteilt, Ströme umgeleitet, aus den Bruchstücken der großen Mauern kleine Wände im Innern errichtet, die
dem Gewissen beim Überblick im Wege stehen. Die Zähne unserer Kinder und Reichtumsberichte sprechen da eine deutliche
Sprache. Welche Schutzmacht ist da, den ohnmächtig Aufrechten beizuspringen? Wenn wir es nicht mehr sehen können, ver-
legen wir uns doch darauf, hin- und zuzuhören. Denn es geht ja
weiter: Anstatt in die sozialen Bindungskräfte, Bildung, Sicherheit, Gesundheit zu investieren, werden egoistische Interessen
immer weiter und selbstverständlicher alimentiert. Die Verfassung als Lehre aus der Geschichte ignoriert, nicht verstanden,
nicht gewollt; die Chance der Einheit im Moment ihrer Erfüllung verblüht.

Verpflichtet Eigentum dazu, der Gemeinschaft den Rücken zu kehren und sich auf sein Raubritterschloss im Räuberwald zurückzuziehen? Der gute Nachtwächterstaat schläft nie; er dient immer, gelassen und achtsam, während der outgesourcte Dienstleister pünktlich Feierabend machen kann, um Fußball zu gucken.

Die Beziehung zwischen Staat und Gesellschaft ist ihrer Natur nach ein Dienen, in gemeinsamer Verpflichtung auf einen übergeordneten Zweck. Der Staat in einer demokratischen Verfassung dient der Möglichkeit aller Arten von Services. Er selbst bedient weder sich selbst noch sonst wen, sondern er dient. Seine Selbstbegrenzung dient dem Schutz der Freiheit, nicht der hemmungslosen Entfaltung der Starken oder der Willkür der Großmächtigen.

Selbstverständlich: Das sind Schlaglichter für Anstöße, Erinnerungen an ein fast vergessenes System, das große Versprechen der Nach-Nie-Wieder-Kriegsordnung. Eine Chance für neue Aufmerksamkeit. Sie wirkt erst dann, wenn ich sie selbst aufnehme.

8.7.2 Dienstverhältnis

Scheinbar haben wir dringenderes zu tun. Wir setzen alles daran, den Naturalismus wieder hoffähig zu machen. Wir glauben so sehr an die Biologie als neue Religion, dass wir uns sprachlos der Propaganda zur Herstellung von Übermenschen (*post-humans*) unterwerfen, bedenkenlos der Sprachgewalt der Technikwerbung ausliefern und uns rühmen, zu Produkten unserer eigenen Algorithmen zu werden. Wir glauben an ›künstliche Intelligenz‹, an das Licht des Mondes. Wir vermuten ganz neue Möglichkeiten und Probleme durch die Digitalisierungstechnologien; als könne es überhaupt etwas völlig Neues geben, nur weil wir etwas ohne eigene Erfahrung begegnen. Dabei liegt es doch allein an uns zu bestimmen, ob und wie die Technik uns dient oder umgekehrt, durch die Art wie wir sie ansehen und gestalten. So vernarrt sind wir in das neuartige Spielzeug, dass wir Sinn und Zweck des Spielens, Kultur zu ermöglichen, ganz vergessen, der Anmutung unserer *twig technology* nachgeben, und den atmenden Wald um uns herum aus dem Sinn verlieren. Wir verwirklichen die Freiheit des Willens, indem wir den Menschen abschaffen. Bildung, Vernunft, Würde: erst verkürzen, dann verdrehen, darauf entleeren und schließlich den dritten Aufguss als homöopathischen Mehrwert verkaufen – bis wir das selbst alles glauben wollen.

Auch die Ordnungsstruktur der Sprache gerät in die Hände der Zeloten. Zum Einsatz kommen die Sozialtechniken der Neurechtsprech-Propaganda im Feld des Gender-Mainstreaming: Warum soll es keine ›Terroristinnen und Terroristen‹, ›Teufelin und Teufel‹, ›Ausbeuterinnen und Ausbeuter‹ geben? Sind Frauen nur Bürgerinnen aber keine Bürger oder sind Bürger nun Bürgerinnen zweiter Klasse? Warum dürfen Polizistinnen keinen Polizisten sein? Machen wir uns wirklich so dumm, ein generisches nicht mehr von einem genetischen Geschlecht unterscheiden zu können? Katze, Kater, Kätzin? Was soll dieser Geschlechterwahn? Gibt es nichts Wichtigeres und Zielführenderes, wenn wir der besonderen Eigenart der Subjektivität jedes Menschen gerecht werden wollen? Wenn Lehrerinnen keine Lehrer sein dürfen, zeigt sich der entmenschlichende Hang des Genderns. Die Dummheit ist im Establishment der Intellektuellen angekommen. Wer das Rad noch einmal erfinden will, ohne zu verstehen, was eine Straße, ein Kreis und eine Mittelachse ist, wird den Verkehr dadurch nicht besser machen. Geschlecht und Gender sind ganz verschiedene Dinge; beide werden allerdings zu dem, was sie sind durch Handeln, durch die Wege des Wollens, indem wir die Welt so organisieren, dass wir sein können, wie wir sind – nicht aus der Magie einer Titulatur, schon garnicht der geschriebenen.

Mit der Emanzipation ist die angemessene, Perspektive längst etabliert, alles andere ist Wichtigtuerei und diskriminierendes Machtspiel. Es ist selbstverständlich, dass manche Männer die Übergriffe auf ihre Geschlechtlichkeit abwehren. Es ist anständig, wenn manche Frauen die Männer in Schutz nehmen möchten, wenn manche Leute sie als Gruppe diskriminieren. Und entsprechend reziprok. Damit kommen wir aber nur auf die Spur, noch nicht aus dem Dunstkreis des Grundfalschen heraus. Schlechtes Verhalten ist einfach schlecht: Nur darum geht es. Rund wird dieser Gedanke jedoch erst, indem wir ihm eine konstruktive Perspektive der Entwicklung geben. Gutes Verhalten verstärkt sich selbst und nimmt andere mit.

Männer können nie Mütter sein, aber gute Väter; Frauen können nie Väter sein, aber verantwortungsvoll ihre Familie ernähren – in welcher Lebens-, Wirtschafts- und Arbeitsform entscheiden sie nach ihrem Eigensinn. Frauen können lernen, indem sie üben, wie Väter zu denken. Männer können verstehen, indem sie spielen, wie Mütter zu sein. Kinder entwickeln sich durch allerlei Rollen, indem sie immer mehr zu sich selbst werden dürfen. Mehr Frauen als Männer erziehen alltagsweise ihre Kinder, wirken mit an dem, was Jungen und Mädchen als Menschen sind. Hier geht es um den Charakter des Einzelnen, nicht um dessen Label.

Schon wieder fällt die Schieflage auf, die aus der falschen Rang- und Reihenfolge stammt: Die Rede ist stets von Labels, Marken, Namen. Wann wird von den Inhalten, dem charakteristischen Beitrag der Person geredet? Die lassen sich freilich nicht qua Konzept verordnen. Die Selbstermächtigung durch Übergriff auf die Sprache, auf diese Ehrfurcht gebietende Pforte zur Erfahrung der Menschheit in mir, das Erschleichen einer Position der Wertsetzung ist eine fadenscheinige Aneignung. Gerade dann, wenn sie sich auf die Macht der Worte beruft, um unerwünschte Zustände zu kritisieren – als könne man sie mit einem Federstrich entzaubern. Schon beim ersten flüchtigen Hinsehen kann niemand im Ernst glauben, dass eine von Fachleuten gesetzte ›gute Sprache‹ irgendetwas wirklich besser machen kann. Und wieder steht diese furchtsame, anmaßende Bequemlichkeit der einfachen, ehrlichen Arbeit des Webens des guten Alltags im Wege.

Da ist es nur eine weitere Variante der Enteignung und Entfremdung. Es ist folgerichtig, wenn Politik, Wirtschaft oder Interessengruppen die Menschen nach ideologischen Zielvorgaben und Kennziffern standardisieren wollen. Der gute Mensch kommt nicht aus der sterilen Retorte, sondern aus dem Blut und Dreck des Lebens, das sich selbst durch den Zauber der Liebe veredelt.

Bei der realen Genderkampagne handelt es sich in Wirklichkeit um eine – im Wesen kranke – Sexualisierung und Biologisierung der sozialen Welt. Gegen den Übergriff dieses Unsinns müssen sich gerade die Betroffenen, Schwachen, Sprachlosen zur Wehr setzen, deren Name allzu oft missbraucht wird, um den Spielern neue Machtmittel in die Hand zu geben.

Dabei brauchen wir gerade unter den Bedingungen ökonomischer Varianz eine klare Orientierung. Der richtige Weg, das Richtige aus den richtigen Gründen zu tun, zeigt sich kaum in Worten, auch nicht in der Vielfalt der möglichen Handlungen, sondern im inneren Erleben der guten Entscheidung. Dabei spielt die Richtung meines Strebens die entscheidende Rolle: Gehe ich von Ordnung, Einheit, heilsamer Arbeit an meiner Lebensgeschichte aus oder lasse ich mich zerstreuen, ablenken, im Kreise taumeln?

8.8 Arbeit

Gut ist es, wenn dann wieder die Arbeitswelt in den Blick rückt. Denn das ist der Raum unserer realen Erlebnisse, unserer Erfahrungen, unserer Handlungen, die unser Sein mit unserem Wert und unserem Werden in Einklang bringen können. Anstatt an dem Begriff der Arbeit und den organsiationalen Bedingungen der Wertschöpfung zu arbeiten, fordern sogenannte Feministen (beflissene Frauen und Männer), in Umkehrung der demokratischen Grundsätze, eine moralische Pflicht zur Lohnarbeit. Karriere in der etablierten Wirtschaftskultur ist ihr Bezugsrahmen, Kennzahlen definieren die Wirklichkeit. Wenn ich wirklich eine Karriere als Mensch machen möchte, arbeitsteilig, und dies nicht durch Lohnfron umsetze, sondern durch Pflege der Grundlagen wie Familie, Gesundheit, Lebensraum, dann habe ich die Chance, es besser zu haben als mein Teampartner. Der wird schon wissen, was er davon hat. Dann hat er es auch besser. Jedenfalls schaffen wir dadurch Abstand vom unmittelbaren Zugriff der Verfügbarkeitsmaschine ›Arbeitsmarkt‹.

Wir hören es aber doch: Es gibt Menschen, die dieser Chance nicht gewachsen sind. Nun denn, es lernt ja auch niemand. Da sind private Räume, ein Ärgernis den Illuminaten. Also sind alle Nichtmaschinenverfügbaren unglücklich und unmündig, bedürftig der Vormundschaft der Gesellschaftsingenieure? Wieder ein Salto Mortale, solch ein Zirkus!

Die ›Quote‹ ist das wohl dümmste der herabwürdigenden Requisiten aus dem Arsenal der Planpolitik, eine bürokratische Verfügung der Gleichschaltung; als Angstreflex der Inbegriff von Lieblosigkeit und Pflichtvergessenheit. Jeder Mensch hat ein Recht, nach seinen Qualitäten zur Aufwertung der Gesellschaft beizutragen und den eigenen Weg dahin zu finden – aber keine Pflicht, diese Wertschöpfung auf bestimmte Weise zu leisten oder nach irgendeinem anderen Maßstäben glücklich zu sein. Da gibt es nichts von Wert zu zählen, nur zu erzählen.

Ganz klar sehen wir hier aus unterschiedlichen Richtungen sehr widersprüchliche Zwänge, die diese Freiheit einschränken. Diese auch noch zu einer Pflicht zu überhöhen, sich einer bestimmten, gesundheitlich und ethisch fragwürdigen Lebensweise zu unterwerfen, indem man aus den Zahlenverhältnissen ein Problem der Legitimität macht, heißt Ursache und Wirkung, Mittel und Zwecke, Geschichte und Geschichten miteinander zu verwechseln. Welch eine Schule haben diese Technokraten wohl durchlaufen? Was nährt die Furcht davor, Raum für andere Modelle zu lassen. Woher das Misstrauen in das Spiel der Kreativität? Wieso die Feigheit vor Wertbegriffen jenseits des toten Mammons? Wozu die Blindheit gegen die Qualitäten, die uns stärken? Weil wir uns nicht getrauen, das zu können?

Zugleich missbrauchen sie den Namen des Diskurses und zwingen das Privateste ins Licht der Öffentlichkeit – ob es dort etwas zu suchen hat, ist eine Frage des Geschmacks – also auch der Bildung, aber keine der Wahrheit. Moral und Gott-Oder-Nicht-Gott haben keine Sprache als das Gewissen, sie können keine öffentliche Form beanspruchen. Das zwanghafte Präsentieren geschlechtlicher und sexueller Deutungen, Ansichten und Fakten im gesellschaftlichen Raum ist unanständig und übergriffig. Ob durch die Kirchen oder den Genetiker oder den Sozialpolitiker – es trägt zur Verwirrung, Verrohung und immer weiteren oberflächlich-kommerziellen, stereotypen Profanisierung des Menschen bei, aber nicht zur Aufklärung und Säkularisierung.

Ihre Bedeutung beruht auf ganz subjektivem Erleben und Erfahren. Das mag man vielleicht inter-subjektiv teilen, muss es

aber eben nicht. Schon gar nicht, wie in den Sprach- und Mo-
dellbildern der humanen Naturwissenschaften, wenn man über
die Grenzen und Regeln des Umgangs mit unserer biologischen,
geschlechtlichen und sozialen Identität debattiert. Was geht und
was nicht geht steht klar genug am Anfang unseres Grundgesetzes. Der technische oder humane Fortschritt braucht keine Rabulistik.

Die führt nur zu Aktionismus. Zwei Beispiele: Den Zusammenhang von Embryonenschutz mit unserem Abtreibungsrecht
und dem Verbot der *Todesstrafe* versteht mittlerweile kaum jemand. Wir können und dürfen niemandem erlauben, einen
Menschen zu töten, weder durch die Lanze noch durch das
Wort. Das gilt vor allem für den Staat nämlich doppelt: sich
selbst gegenüber und durch den Auftrag, aktiv für die entsprechende Praxis zu sorgen.

Zwar war es angebracht, die Ehe als Institution des 19. Jahrhunderts neu zu formen, die innere Mehrwertigkeit der Ehe prä-
ziser zu fassen und aufzulösen. Aber auch hier haben sich die
gehetzten Gelegenheitsritter aufs Pferd gesetzt. Welche sexuelle
Grundlage das dauernde Zusammenleben als *Familie*, das
engste und am tiefsten greifende aller Formate der Arbeitsteilung auch haben mag: Wenn sie bloß Ausdruck von Lebensent-
scheidungen ist, bleibt sie subjektiv und privat; es besteht kein
besonderer Regelungsbedarf. Aber: Als Rechtsinstitution dient
die Ehe der Klärung des zu schützenden Gutes und seiner Struktur, der Rechtsgüter und der Natur dieses dreiseitigen Vertrags-
verhältnisses von Bürger, Bürger, Gesellschaft und Staat.

Das verlangt nach einer förmlichen Entkoppelung der Se-
xualität und Liebe von der Reproduktion, Ökonomie, Sozialverpflichtung und von staatlicher Kontrolle. Eine Ehe, zum Zweck,
einen Raum für Kinder zu schaffen, ist daher etwas völlig ande-

res als die Anerkennung des Wertes einer besonderen gegensei-
tigen Selbstverpflichtungserklärung. Beides kann schön und gut
sein, aber nur eines davon ist grundlegend. Das ist einfach und
spart uns viele Scheingefechte; die Kraft brauchen wir gebündelt für wichtigeres als Geschäftsordnungsdebatten.

Im Biedermeier war es die aufregendste Vision der roman-
tischen Liebe, sich gegen alle sozialen Vorbehalte und Grenzen
zu verwirklichen, indem sie sich zur liebenden Familie verei-
nigte. Gemeinsam Kinder zu haben, eine Zukunft über Stände,
Kulturen, Ethnien hinweg zu gründen. So hoch ging die Kühn-
heit der Herzen. Diese Aufstellung haben wir lange hinter uns
gelassen. Die relativen Eigengewichte der Gravitationszentren
alltäglicher Entscheidung, der Ökonomie, der Arbeit, der Selbstbestimmung, haben uns weitergetragen.

Heute denken wir jenseits des Einheitsmodells in vielfälti-
gen Variationen. Das erlaubt uns, wenn wir den Raum für Kinder besonders schützen und pflegen, mit und jenseits der Ehe
Optionen der Lebensgestaltung, wie wir sie noch nie gekannt
haben. Auch hier braucht die Exploration nicht nur Lust und
Fantasie, sondern vor allem Verantwortung.

8.9 Gesund denken

Es kommt in der Tat auf die Pflege des geordnet-freien, lebendigen Zusammenspiels aller an, auf die Gesundheit der Gesellschaft, von hier und heute bis dann und dort. Aber leider ist in
diesem Zusammenhang auch die politische Verpflichtung auf
Gesundheit mit der Rede von der Gesellschaft oder dem Volk
vielfach, pathologisch und schamlos verkehrt und missbraucht
worden.

Mit der Anfälligkeit einer intuitiven starken Wahrheit – wie der Kernaufgabe, für Volksgesundheit zu sorgen – ist die Demagogie aber keineswegs diskreditiert. Wir gewinnen nichts, wenn wir sie mit dem englischen Public Health bezeichnen, sondern verwischen das besondere Binnenverhältnis zwischen der Gesundheit von Gruppen der Bevölkerung, der allgemeinen salutogenen Rahmenbedingungen und der individuellen Gesundheit. Schade um das Konzept – wieder ein fortdauernder Sieg der Rosenbergs und Goebbels. In jeder Hinsicht müssen wir den Schutz und die Kultur der Gesundheit stärken, in jeglicher Beziehung. Also wieder ein Fall für ordnendes Eingreifen; die Rede vom Kopf auf die Füße stellen.

Es ist kein akademischer Sonderwunsch: Das Entscheidende der Verantwortung beginnt damit, die Deutungshoheit über den Bereich der eigenen Diskretion zu erlangen. Was unterscheidet meine Kompetenz und Verantwortung von meiner bloßen Mitzuständigkeit?

Hier muss ich mich vergewissern, aus welchen Gründen ich das Richtige tun will. Weil ich es als das Richtige mitwill, dann ist es mit meiner inneren Übereinstimmung verknüpft und ich kann es mir zu Eigen machen (Adhärenz), also *aus Pflicht*. Oder weil ich verstehe, dass es das Richtige ist, indem es eine Autorität, Gelegenheit oder Klugheit mir so vorstellt? Dann wäre es nur Gehorsam; eine distanzierte, äußere Zustimmung, die Handlung selbst bliebe mir fremd, nur etwas der Pflicht Gemäßes.

Diese Entscheidung bestimmt die volle Bedeutung der gesamten Handlung, als inneren Bezugsrahmen meiner Verantwortung. Sie *ist* selbst die Verbindung meiner Selbstbestimmung zur Welt. In der diskreten Entscheidung für Gehorsam oder wollender Pflicht vollziehe ich das Knüpfen meiner Wirkung auf Personen, Rollen, in Beziehungen und gemeinsamer Arbeit.

Der Schlüssel zur Übung dessen, was Verantwortung ausmacht, liegt in der Fähigkeit zu lesen. Na und, was ist das, ›lesen‹? Mehr als das konsumierende Aufnehmen und algorithmische Verdauen von Daten zu Fakten. Mehr als Vermittlung von Informationen. Lesen ist ein heiliges, ein hermeneutisches Verfahren: Arbeit am, mit, im Text, zu Textur und Stärke, zum Geist zwischen den Buchstaben.

Ich füge zusammen, qualifiziere meine Ko-Autorschaft meines Lebens in der Geschichte. Ich lese, während ich schreibe, was ich schreibe, führe, bin die Linie des Ausdrucks. Die Gestalt der Zeichen meine ich jetzt genauso. Als eine Hülle meiner Arbeit am Mitteilen des Gemeinten, des Verstandenen. Dadurch bin ich da, eigen. Doch schon in diesem selben Moment explodiert der Geist in dieser Form und will weiter. So vollziehe ich den Kontakt meines Lebensblutes mit dem Stoff, färbe die Fäden in Geist – die Quadratur des Kreises.

Lesen besteht nicht nur darin, die Nachkommen von Buchen-Stäbchen konventionell aufzusammeln und sie semantisch zusammenzubasteln. Viel wichtiger ist die Haltung des Respekts, der Erwartung an diese Zeichen als Text. Das Gewebe des Geistes spricht uns an, indem es uns einlädt, mit der Bedeutung in Verbindung zu treten. Dazu müssen wir uns auf den gesamten Text einlassen, ihn zu uns sprechen lassen – so wie wir unser kleines Kind oder eine filigrane Blume betrachten.

Voll zärtlicher Zuwendung justieren wir unsere Einstellung, tarieren unsere Position zu der des Textes, vertrauen uns dessen innerem Muster an und suchen das, was ihm eigen ist, durch das Sichtbare hindurch, hinüber und hinein in die noch größeren Geschichte seines Gewebes bis es sich im Irgendwo und Irgendwie verlieren will. Wir justieren die Schärfentiefe und lesen diese Bewegung mit. Wir entdecken, lassen uns ergreifen, vergessen uns und erinnern uns an ganz Unbekanntes.

Buchstabieren und auslesen kann auch eine Maschine. Wer ein Mensch sein will, liest als Mensch.

Das gelingt nur mit Neugierde, Bescheidenheit, Disziplin, Achtung und dem Willen, wieder und wieder hinzusehen, bis das Neue sich zeigt. Der Autor hat, ich habe: etwas gemeint. Etwas das die Mühen gelohnt hat, so zu formulieren, wie es da steht. Weil es auf eine Bedeutung führt, die über alles hinausgeht, anders ist als das Vorhandene.

Wenn ich lerne, wie die Menschen aus offener Achtung im Lesen die Welt ansehen und sich erschließen, dann denke ich immer: Was lehrt mich das? Dann versetze ich mich in die Lage der Verantwortung. Erst dann kann ich auch schreiben lernen.

8.10 Spiel des Webens

Kurz und gut: zur Verantwortung!

Integrität ist das Prinzip der sozialen Erneuerung, die rekursive Drehung ihr Verfahren. Verantwortung ist ihre Haltung. Im Handeln mache ich alles wirklich.

Erneuerndes Lernen des Menschen in der Gesellschaft findet nicht nur nicht bloß linear oder dialektisch (zwei- oder dreidimensional) statt. Es trägt den Dimensionen des Verhaltens und des Handelns in der Gesellschaft Rechnung. Zum Lesen und Schreiben kommt also das Rechnen. Damit kombiniere ich diskursive mit rekursiven Verfahren zu einem explorativen Unternehmen. Ich befreie mich für die Zukunft, begebe mich auf den großen Weg.

Ohne das Qualitative der Qualität bleibe ich dabei trotzdem orientierungslos. Mit diesem schulmäßigen Koordinie-
rungssystem fängt alles erst an, das Arbeiten, Gehen und Wirken einer Herzvernunft, indem ich das Blut meines Gewissens
strömen lasse, frei und gesund. Der Grundsatz der Souveränität,
des Respekts und der Distanz wird in der sozialen Ordnung der
Interaktionsräume zu einem nur äußerlichen Prinzip. Es muss
durch das eigenartige Zusammenspiel aus Rekursion und Diskurs, aus der Semantik des Qualitativen näher bestimmt werden, nämlich von der Subjektseite des Handelns.

So wächst die bloß rationale Bewegung des diskursiven
Verstandes und der rekursiven Synthese über sich hinaus. Sie
entwirft ein Verstehen davon, wie das gute Leben überhaupt
vernünftig möglich und denkbar sein kann. In dieser dedukti-
ven Selbstvergewisserung wachse ich nur durch die Zeugung
meines vernünftigen Willens, über die Zweidimensionalität der
Verstandesordnung hinaus und bilde den Spielraum der
menschlichen, gesellschaftlichen Erneuerung.

Wenn ich sozial vernetzt lerne und meiner individuellen
Entwicklung diene, vollziehe ich durch geistige Wachstums-
schleifen die Drehung des zunächst zweidimensional modellier-
ten Prozesses meiner Kultivierung. So öffne ich die dritte Dimension. Die zweiwertige teleologische Axiologie gewinnt die
Potenz einer dreiwertigen: die dritte Achse ist die Qualität. ›Rot‹
verstehe ich nicht allein durch Anschauung und Begriff, sondern erst durch das Erleben, indem es Erfahrung wird.

Dieser Moment meiner Urzeugung beinhaltet noch immer
die Möglichkeit des Regresses. Aus der geforderten Rückversicherung kann eine bloße Rückwendung, ein Rückfall werden:
Soweit die Integration nicht ihre Qualität als Entwicklungsfak-
tor mit aufnimmt und progressiv in Bewegung setzt. Die

Schleife manifestiert diesen Moment der Entwicklung, das Auf-
blitzen des Signals: Du bist auf dem richtigen Weg! Sie erlaubt
zwei Szenarien, ehe sie sich zum Knoten im Netz der Kultivierung verfestigt: Verhärtung und Regress im Quantitativen, For-
malen – Bewegung in die Breite und Masse, der Zirkel der De-
generation.

Oder aber weiteres offenes Wachsen: mit Schwung aus der
Schleife, über sie hinaus; Raum greifend, Zeit gewinnend, zum
Menschen werdend – die fortlaufende Integration zur Integrität.

8.11 Tanz des Lebens

Im großen Gewebe erscheint das Ziel einer integer integrierten
Vernetzung: die positive, unterstützende Funktion durch diese
›Knoten‹ möglich zu machen. Sie wirken als geprägte Verdichtung und strukturelle Ausformung des Charakters der Entwicklung, an ihrem jeweiligen Stand, und markieren die Verfassung
der eigenen Kultur. Dort zeigt sich, ob und in welcher Qualität
es Weiterentwicklung geben kann oder Regress, Rekursion, Re-
petition und Korruption.

So ist, zum Beispiel, die formalistische Genderisierung der
sozialen Narrative ein regressiver Knoten, indem er zur Erstarrung, Disparität und Desorientierung beiträgt. Er begünstigt soziale Gruppen, die sich in diesem falschen Spiel zurechtfinden
und widerspricht damit schon formal der Integrationsnatur einer lebensbejahenden, wahrhaftigen Sprache, die ihr eingebet-
tetes Wissen ebenso wie gebildet logisches Denken respektiert.

Jede definitive Bestimmung von Menschen aufgrund bio-
logischer oder Gruppen zugeschriebener Merkmale (Hautfarbe,
Alter, Geschlecht, Gender-Rolle, Nationalität, Glücksfähigkeit)
in Verbindung mit Soll-Aussagen ist eine Funktion des faschis-
tischen Denkens. Die Bindekraft der *fasces* (Rutenbündel) wirkt

einseitig von außen nach innen. Sie hat weder mit Integration noch mit Integrität zu tun. Die Gewalt dieser einstrahligen Anordnungen presst die Räume der Individualität jedes Gliedes, jeder Faser, ins Unkenntliche zusammen. Die innere Wucht und der sperrige Eigenwille des Einzelnen werden zur Ununterscheidbarkeit angeglichen, entfremdend aufgehoben. Nur seine Kraftstruktur bleibt. Sie geht ganz in ihrer funktionellen Bestimmung auf.

Das ist die konzeptuelle Seite. Aus ihr heraus verstehen wir, wie der Faschismus in den kleinen Dingen des Alltags wirken kann.

Der Integritätsplan entfaltet sich genau gegenläufig zu einer solchen Denkbewegung. Da wir als Menschen immer in einem dialektischen Zusammenspiel von innen und außen stehen, ist jede Einseitigkeit unserer Bestimmung Ausdruck davon, dass ich aus der Balance gerate und vom Weg abkomme.

Das Gegenbild dieser faschistisch umklammernden, knöchernen Vergeilung ist der durchwurzelte Waldboden. Alles atmet und pulsiert im Wandel. Die Elemente verhalten sich zueinander, indem sie sich vortasten, antasten, abtasten, annehmen und abwenden. Nicht äußerer Zwang verpresst sie zu einem lichtscheuen Gewürge. Die Triebe finden ihren Ort, suchen mit- und durcheinander den Raum ihrer Gestaltung. Jede kleinste Entscheidung vollzieht sich als achtsam zugewandte, fragende, bittend gewährende Gestaltung. So schaffen die Schösslinge meines Herzens selbst die kleine Welt, die sie benötigen, um zu wachsen und zu atmen, ihr Leben einzurichten. Aus diesem Geflecht ziehen wir die Nahrung unserer inneren, vernetzten Identität, unsere Haltung zu- und füreinander: Der Baum ist durch seine Räume, seine variablen Strukturen, seine Biegsamkeit und Stärke so verletzlich, eingebunden, frei, abhängig und wertvoll. So sind wir.

Wie der Pilz verweben wir Kategorien von Leben und Tod – Du und Ich, Werden und Eingehen. Wir sind und werden durch die Reibung an uns selbst, an anderen Menschen, am Erleben und Erfahren der Welt. Diese Reibung verlangt Abstand und Nähe, eine Haltung des Hinsehens und Zurücknehmens, des Einfühlens und Distanzierens, des ruhigen Atmens und Weitblickes.

Nichts ist gleich, keine Erscheinung gibt das Maß; die Musik gehört dem Tanz, nicht dem Marsch.

8.12 Maßband

Die Art, wie unsere Generation sich jetzt daran gewöhnt, Menschheitsfragen der Emanzipation zu Partisanenthemen zu verstümmeln, in Kampagnen von Identität, Körperkult und Feminismus zu karikieren, ist unsere Kapitulation vor der Hysterie des Faschismus; auch, nein gerade weil sie sich einer stumpfen Antithese andienen: Sie spiegeln das Kreuz des Mutterkultes, des Soldaten-Machismo, des naturhaften Gesunden, des Übermenschen. Was wäre heute neu? Der naseweise Tonfall von ›Männer sind Schweine‹ prollt jetzt schon auf den Laufstegen; Political Correctness der Verzerrung ins Schlüpfrige, ästhetisierende Auflösung des Wahren-Schönen-Guten im Nebel aus dem Nicht-So-Gesagt-Haben-Wollen. Ja, die Feigheit ist auch wieder da.

Aber alles nicht so schlimm. Nur ein weiterer Fall der übergriffigen Konstruktion zur Bestimmung von Gruppengebilden in der Bevölkerung (Männer sind…, Frauen sind…, Kinder sind…, Schwarze sind…, Juden sind…, WASP sind…, Opfer sind…, Kinder der Sonne sind…, Nachkommen des Nazi-Deutschland sind…). Ganz ohne Ironie, nirgends Humor; von Geist und Witz keine Spur.

Es ist immer, von Grund auf, falsch und schädlich, Erwartungen und Normen gegenüber Menschen an irgendetwas anderem zu orientieren als an der Würde des Einzelnen. Also an etwas, von dem ich nichts wissen kann, und auch nicht einmal alles, was ich nicht weiß. Aus dieser Selbstverpflichtung jedes Menschen, gegen sich und jeden anderen, zu Achtung, Respekt, Demut und Kultivierung ergibt sich: zu schweigen von dem, über das man nichts wissen kann. Konkret heißt das aber, großzügig offen hinsehen, Reibung suchen und gestalten, aus der ich lerne, was angemessen ist, was angeht. Im Wissen des Zwischenmenschlichen gibt es keine großen Wahrheiten, nur kleine Gesten und das Spiel, diese zu lassen, sie auszugestalten.

Im Kern liegt das an der Sprache unseres Denkens. Ganz gleich ob im rekursiven, exkursiven oder im diskursiven Modus: Wir bedienen durch den Ausdruck eine objektivierende Semantik, können aber nicht immer mit dazu qualifizierend sagen: ›als ob‹, ›gewissermaßen‹. Diese Bequemlichkeit verdanken wir den primitiven Erfahrungen des einfachen Gelingens, die unser Urvertrauen zeugen. Unser konventioneller Diskurs operiert nun aber im äußerlichen Feld des Verhaltens. Schon aus Schonung beziehen wir uns auf die Äußerung – als Phänomen. Geht es um Dinge in der Welt, ist die Frage nebensächlich, wie etwas genau zu verstehen ist; nicht weil das akademisch wäre, sondern weil es ablenkt. Wirklich bewegen wir uns aber immer in der gemischten Zone. Es geht fast nie um uns selbst oder das Wesentliche. Der Eintritt ins Säkulare verengt auch hier das vernünftig Sinnvolle auf das rational Tunliche.

Umso wichtiger ist es dann, wenn wir uns vergewissern und über die gute alte Sprache sprechen wollen, genau zu sein und zu unterscheiden, geht es bei der Sache um die Dinge zur Hand oder um das, was die geistige Beziehung vollständig machen würde?

Hier geht die Interpretation leicht in eine Falle, die von der Formulierung gelegt wird: Die formale Gleichheit der phänomenalen Beschreibung von Begriffen mit der von Intuitionen unterstützt nicht die qualitative Seite der ethischen Differenzierung von Handeln und Verhalten, von Sein und Haben. Ihr Interesse wird von der Qualität der Qualität ab- und auf die missverständliche und unscharfe Quantität der Qualität umgelenkt. Es ist nicht schwer, diesem Hang zu begegnen ehe wir Fehlhaltungen bilden.

Denn wir wissen doch eigentlich genau, dass es nicht auf die Quantität ankommt, sondern zuerst auf Qualität, gut zu sein und zu verstehen. Woran aber lassen wir uns messen? Das unqualifizierte ›Outcome-Measurement‹, ob in medizinischen oder wissenschaftlichen oder politischen oder administrativen Anordnungen ist blind für die innere Wirklichkeit. Es macht uns blind, die Fragen zu stellen und die Kompetenzen zu stärken, die wir brauchen, um korrigieren zu können. Ein Steuermann, der sich nur der Mechanik des Kompasses und dem Algorithmus des Rechners anvertraut, verzichtet, mit seinen Sinnen, seinem Gespür, seiner Erfahrung und seiner Intuition, auf die wichtigsten Organe seiner Verantwortung.

Weder Kalkül noch Konsequenzen verraten den Pfad, auf dem sie zustande kommen, denn dieser entsteht durch das Handeln – einen inneren Vorgang. Ärger noch: Sie lenken die Aufmerksamkeit von der Vielfalt der Pfade, von der Komplexität der Zusammenhänge – im jeweiligen Pfad und zwischen ihnen – ab. Das sollen sie durchaus leisten, aber nur soweit sie uns damit dienen. Wir erlauben uns aber, die selbst schon reduktionistische Kausalität der Welt auf die Zufälligkeit des ›Er-Äugnisses‹ weiter zu reduzieren. Sonst verstehen wir nur Seifenblasenbilder und begreifen nicht was Gravitation bedeutet.

Das ist nicht souverän. Die Ironie besteht darin, dass wir Pfadabhängigkeiten nachweisen wollen ohne die den Denkraum des Pfades übersteigenden ›Pfade‹ mit zu berücksichtigen. Der Standard wird bloß äußerlich, die innere Bedeutung verleihende Ansicht verschwindet, sogar aus dem Augenwinkel.

Das mag angehen, wenn wir uns großspuriges Abschweifen leisten können, weil alles ganz klar und unproblematisch ist. Davon kann aber nicht die Rede sein, wenn es um die Standards von Qualität der Gesellschaft, des Staates, der Gesundheit, der Medizin, der Bildung, der Wissenschaft, der Technologie und unserer Rolle in der Welt geht. Das wissen wir nun wirklich besser!

Zwischenspiel

Da kam die Polizei, ja was ist denn das: Fußgänger, Radler oder Kraftfahrzeugführer? Jeder muss geregelt werden, denn alle kämpfen gegen alle, immer gegen sich selbst. Radler im Auto gegen Passant; Fußgänger auf dem Rad gegen LKW; Fahrer zu Fuß gegen Raserrad. »Mehr Gesetze her!« deklamierte der dramatische Chor. Der Mensch ist dem Menschen ein Wolf! Und sie reichten einander die Masken weiter.

Ein Kind erschien an der Ampel. Alles auf Rot. Sagt mal, wollt ihr euch nicht einfach mal anständig benehmen?

9 Solidarität

Der allgemeine Rahmen von Frieden, Vielfalt und Freiheit er-möglicht vielen Ländern eine kulturelle Fülle, wie sie in dieser Breite und Tiefe nie da gewesen ist. Arbeiten wir sie in gesunden Wohlstand um, indem wir als Bürger das Richtige aus den richtigen Gründen tun.

Es ist nun aber zum Ersticken. Mit einem Reichtum dieser Größenordnung und Komplexität umzugehen – verbunden mit der Pflicht jedes Menschen, Verantwortung zu teilen –, haben wir, in demokratischen Gemeinwesen, keine Erfahrung, keine Vorbilder. Reichtum war immer eine Sache der anderen, der ›Oberen Zehn‹. Sogar indem wir davon unseren Teil einforderten, machten wir ihn uns nicht zu eigen. Versammeln wir uns um einen Tisch, indem wir darunter nach mehr Brosamen verlangen. Wie gelingt es, diese Fülle wirklich aufs Ganze wertvoll und fruchtbar zu machen? Sie gründet ja in allen und Einzelnen, nicht in ›Klassen‹ und erst recht nicht im Kampf. Wie schaffen wir den Zusammenhalt und die Struktur, die zur materiellen und geistigen Entfaltung einer nachhaltigen Kultivierung vorausgesetzt werden? Wie backen wir den Kuchen, wenn alle Zutaten und Geräte beisammen sind? Es geht darum, die Abläufe richtig anzuordnen und zu organisieren.

Dazu gehört auch, sich als Gesellschaft zusammenzureißen.

9.1 Vorkehrungen

Im Kern steht die Arbeit, als Antreiber der Einheit, aus der Vielfalt in Bewegung. Falsche Problembeschreibung programmiert Streit und falsche Lösungsansätze, anstatt in arbeitseiliger Organisation Wege zum Mehrwert anzulegen. Wenn wir ordnungswidriges Verhalten auf den Straßen feststellen, nützt es nichts, Verkehrsteilnehmer nach Verkehrsmitteln aufzustellen. Nicht die Maschinen bestimmen unser Handeln, sondern wir das ihre.

Wenn wir sozialwidriges Verhalten in unserer Volkswirtschaft feststellen, nützt es nichts, die Handelnden als Funktion von Klassen zu etablieren. Nicht der Familienname macht den Wert, sondern der Dienst durch menschliche Arbeit.

Also machen wir es hier besser auf die bewährte Weise. Wir achten immer auf die eigene Verantwortung und konkrete Rolle, auf angemessene Verhältnisse und Schuldigkeiten. Damit geht im gesellschaftlichen Verkehr ein Perspektivenwechsel einher: von der Beschwörung wahrer Magie zur Begründung wirklicher Wertschätzung. So befreit aus der Unmündigkeit bescheren wir uns selbst Synergie, den Treibstoff des gesellschaftlichen Mehrwerts. Wir bauen die Stadt so um, dass der Verkehr reibungslos fließen kann und nicht die Teilnehmer unnötigen Reibungen und Konflikten aussetzt. Wir richten die Wirtschaft so ein, dass ihr gerechtes Maß Neid und Protz gegenstandslos macht. Alles geht leichter und wir gewinnen Energie für die eigentlich wichtigen Debatten. Denn wir erleben, was es heißt, einander anzusehen und zu beachten.

Diese Kohäsion ist ein sozialer Ausdruck von Integrität. Das geistige Band im Gefüge von Werten, gewoben aus deren Substanz, gebildet in Proportionen und Relationen sozialer Erfahrung. So wird die organisationale Gestaltung von Solidarität als Medium gesellschaftlicher Wertehierarchien angelegt.

Hier tritt der Wert als Ausdruck der schöpfenden Tätigkeit auf den Plan und die Werte als Farbpalette treten hinzu, auf dass wir reflektieren und deuten, was, für uns, als Gruppe, Gemeinschaft, Gesellschaft, wichtig ist und uns Würde verleiht. Erst indem der Zusammenhalt über die Zeit auf Entwicklung gerichtet wird, können wir die Arbeit der Einzelnen in einen systematisch stimmigen Zusammenklang bringen.

9.2 Anlage

Wie bringt, wie hält, wodurch führt man diese Bindekraft herbei? Welche Art Zwang ist nötig, um die Gravitation unserer Verlorenheit, Dummheit und Bequemlichkeit aufzuheben? Dieser natürliche Ausdruck von Kraft und Macht will genutzt und gerichtet werden. Gewalt übt aus, wer über etwas verfügen kann. Zwang übt aus, wer jemanden einschränken kann. Immer will das gerechtfertigt werden, begründet und neu bestimmt.

Das Ideal ist die Balance im *Wuwei Ziran*: im Nicht-Eingreifen in das, was sich von selbst zum Ausdruck bringt. Das meint, die Macht so auszutarieren, dass sie genau dazu taugt, unsere ungebundene Kraft in Arbeit zu verwandeln.

Wenn wir vom staatlichen Gewaltmonopol sprechen, dann meinen wir diesen Auftrag.

Der beginnt mit den Prioritäten der Politik. Landesverteidigung? Innere Sicherheit? Ja, aber nachgeordnet, denn zuerst brauchen wir Gesundheit. Bürgerliche Ordnung? Ja, aber davor brauchen wir erst noch einen spezifisch menschlichen Begriff davon, wie das alles dem guten Leben dienen kann: soziale Einheit als Freiheit stiftende Kraft der Solidarität. Denn sie ist der Inbegriff des Vertrauens, in Gesellschaften, die sich nicht auf eine Erzählung von Gott und Wahrheit gründen, sondern auf die Vernunft.

Diese Einrichtung macht sich nicht von selbst. Das Balancieren ist eine heikle Kunst. Sogar in den größten Ambitionen schießen wir am Weg vorbei, über das Ziel hinaus. Solidarität ist ein Name, eine Kraft, die, als durch Deutung ordnende Gewalt, darauf beruht klug abzugrenzen, besonders von irrigen Titulaturen.

Ganz verfehlt ist zum Beispiel die Begriffsbestimmung des britischen Nuffield-Council on Bioethics von 2011, die Solidarity im Kern an das Gemeinsame der Menschen binden will. Denn dieser noble Gedanke versteht sich nur aus dem Inneren einer Kultur geteilter sprachlicher Erfahrungen und Geschichten. Er bleibt im Kommunalen und verweigert sich dem Schritt in die Gesellschaft, in das abstrakt Fremde. Erst dieser aber öffnet die Horizonte und die Herzen für eine unbedingte Sympathieverpflichtung.

Auch die theologisch gefütterten Geschichten von Solidarität, aus Mitleid, Fürsorge, Barmherzigkeit – oder deren klassenkämpferische Variante des Weltproletariats – kann nicht dem Anspruch formaler Egalität und Freiheit genügen. Denn hier ist ein gebundenes Welt-, Menschen- und Geschichtsbild am Werk, durch das wir – von Geburt an oder aus unserer Kommune heraus – von oben herab urteilen und Pflichten verteilen. Es geht mit Stefan Zweig darum, »das schwachmütige und sentimentale, das eigentlich nur Ungeduld des Herzens ist« zu überwinden für »das andere, das einzig zählt – das unsentimentale, aber schöpferische Mitleid, das weiß, was es will, und entschlossen ist, geduldig und mitduldend«.

Solidarität taugt nichts für die umfassenden Zwecke, wenn wir sie moralisch verstehen. Denn Moral dient sich selbst, sie muss sentimental bleiben. Es geht aber heute um ein Konzept, das selbst dient, einbindet und ermöglicht: eine ökonomische Rezeptur für die Zubereitung einer vollwertigen Gesellschaft.

Aus dieser ökonomischen Bindung heraus kann Solidarität einem Selbstzweck dienen.

9.2.1 Ökonomie sozialer Gesundheit

Wie geht das? Ein Beispiel ist unsere Krankenversicherung: Hier wird das Ausstrahlen der Qualität guten Handelns erst im Masseneffekt messbar und volkswirtschaftlich darstellbar. Darauf aber kommt es an. So verwandeln wir Sentimentales in Gutes. Die Qualität des subtilen individuellen ›guten Handelns‹ nimmt aus sich selbst heraus zu. Sie bildet ein Aggregat aus der Vielfalt ihrer Glieder: Weil niemand wollen kann, von seinem Nutzen profitieren zu dürfen; nämlich krank zu sein. So gewinnen wir eine Mechanik, durch die ein jeder so viel beitragen muss, wie er kann, um im Bedarfsfall zu erhalten, was er braucht – und einen regulativen Rahmen, mit dem die Gesellschaft politisch konkret bestimmt, was dies bedeutet: wieviel, wofür, für wen. Hier sind für den Integritätsplan nur noch Partizipation und Transparenz zu fordern.

Diese volkswirtschaftliche Vernunft ist der einzigartige Rahmen, um die individuelle und betriebswirtschaftliche Wertschöpfung zu integrieren, ohne deren Wertgehalt im Ansatz verringern zu müssen, sei es durch parasitäres Ausbluten oder durch organisationale Aufteilung. Zugleich programmiert sie einen Systemsprung für qualitativen Mehrwert durch Vergesellschaftung der Grundlagen des Wohlstands: Bildung, innovative Technologie, Schutz des Eigentums, Rechtssicherheit, Unterstützung der Wurzeln der körperlich, geistig und kulturell gesunden Bevölkerung. In diesem Umfeld kann Bürgersinn nachhaltig kohäsiv wirken und das Potential der Demokratie entfalten.

Aber: Wir gestatten uns die Störung durch vier Ursünden. Deren *erste* ist: das Abzweigen solidarischer Wertschöpfung durch rein kommerziell-profitorientierte Akteure außerhalb des Systems. Zum Beispiel schaffen Renditeaktionäre oder Spekulanten eine Wertabschöpfung, ohne sich an den Kosten und Risiken zu beteiligen.

Niemand sonst hat etwas davon, weder die Medizin noch der Generationenvertrag, weder die Patienten noch die Solidargemeinschaft. Im Gegenteil. Die Wertabflüsse verringern den Kapitalbestand und die Umsteuerung von salutogenen auf kommerzielle Zwecke erzwingt unternehmerische Entscheidungen, die das Personal entwerten, die Arbeit entwürdigen und unsere Maßstäbe verderben. Damit erlauben wir, dass die Kultur unserer solidarischen Gesellschaft von Grund auf korrumpiert wird.

Deutlichster Hinweis auf diese Verwahrlosung ist, dass wir als Bürger selbst unser System nicht erklären und verstehen können. Wie sollen wir es da verteidigen? Es zeigt sich im Gestammel um den einfachen Gedanken der ökonomisch zwingenden Umsetzung der Solidarität. Jeder Mensch ist mit einer pauschalen Werterwartung geboren.

Die Gesellschaft muss sich darauf einstellen, indem sie ein effizientes Grundsicherungssystem vorhält, das niemand für sich nutzen wollen kann. Denn von jedem Menschen muss man vernünftigerweise denken, dass er will, dass ein jeder arbeiten möchte, einschließlich seiner selbst.

Dabei kann weder ein enger Begriff von Arbeit vorausgesetzt noch serieller Missbrauch unterstellt werden. Denn das bedeutet Übergriff und stiftet eine Misstrauensunkultur, in der wir uns selbst unser Grundgesetz nicht abnehmen. Trittbrettfahrer darf man im Systemplan in Kauf nehmen, denn wir haben ja Recht und Gesetz, um ihnen fallweise in Haftung zu nehmen.

Wir können die schwache Kraft der schönen Rede und positiven Gedanken einsetzen. Das ist und macht gesund, nicht aber das Gespenst der Angst. Wenn sonst auch überall Bescheidenheit und Demut am Platz sind, ins Systemganze gehören Mut und Hoffnung.

9.2.2 Gesunde Sozial-Ökonomie

Nun ist es aber so: Wohlweislich nähern sich Parteien, die jemals Regierungsverantwortung innehatten, der ›Bürgerversicherung‹ mit peinlicher Vorsicht. Haben sie doch selbst zu dem Eindruck beigetragen, es handele sich um ein Instrument der Wohlfahrt und die entsprechenden Geschichten in die Welt gesetzt und regulatorische Fakten geschaffen.

Dabei ist der Grundsatz so einfach, wenn wir Geld als Symbol und Tauschmittel verstehen, aber nicht als selbst wertvoll, denn es dient menschlichen Zwecken, im Sinne der Würde. Geld ist kein Anspruch auf etwas, das man kaufen kann, sondern ein abstraktes Vertragsstück, zur Verknüpfung sozialer Praxis. Indem wir arbeiten, tragen wir sowohl zur Kompensation der Vorleistungen bei, die unsere Existenz ermöglichen als auch dazu, unsere Freiheit zu etablieren. Erst dann kann die Wertschöpfung meiner Arbeit symbolisch in Märkte zwischen Kreativität und Konsum fließen.

Vor diesem Hintergrund erscheint die monetäre Verkürzung des Geldwertes als Regression. Aber Achtung: Tauschhandel funktioniert auch ohne Geld! Bleiben wir besser bei der kulturellen Bedeutung des Geldes. Es ermöglicht Beziehungen, entsteht durch die Art, in der wir uns in diesen zum Ausdruck bringen und stellt sich schließlich selbst in Beziehung.

Wir haben immer Schulden.

Jeder Bürger erwirbt durch sein Einkommen zuerst die Verpflichtung, so viel davon in einen, zeit- und individuenübergreifenden, gemeinsamen Topf einzuzahlen wie möglich. Damit

(aber nicht dadurch) erhält ein jeder – unabhängig von der jeweiligen Einzahlung – für sich und Angehörige das Anrecht, im
Bedarfsfall, das Nötige zur Wiederherstellung zu bekommen.
Wichtig für das Gelingen dieses Modells ist zum einen die soli-
täre Konstruktion: Niemand kann ein Interesse daran haben,
dieses Anrecht einzulösen (man kann nicht krank werden wollen; wenn man das will, ist man es schon).

Zum anderen seine inhaltliche Offenheit: Sämtliche Details
des komplexen Apparates, der Inhalt und Begrenzung des Möglichen und Nötigen verhandelt und verwaltet, werden in offenen Prozessen bestimmt. Auch Kriterien und Ausgaben für
nicht-standardisierbare oder nachweislich pharmakologisch un-
wirksame Therapien müssen politisch ausgehandelt und gerechtfertigt werden – sinnvollerweise nachdem die Ausgaben
für medizinischen Grundbedarf geregelt sind. So erhalten wir
ein Steuerungsinstrument, das – im Gegensatz zum Kalkül der
Triage – den Menschen als Selbstzweck wollen kann.

Da es sich hier nicht um Steuern handelt, sondern um Beiträge, besteht für alle Mitglieder das Recht und die besondere
Verpflichtung, das System der Beitragsverwaltung gewissenhaft zu überwachen und mitzugestalten. Drastischer kann die
Bedeutung des Mitwirkens eines jeden Bürgers am Gemeinwesen nicht unterstrichen werden. Auch das gehört in den Begriff
des Arbeitseinkommens: Mit der Funktion des Geldes, soziale
Praxis zu verknüpfen.

9.2.3 Sozial gesunde Ökonomie

Es ist ohne weiteres klar, dass unsere Kranken- und Sozialversi-
cherungen überhaupt nicht wirklich so funktionieren. Das liegt
aber nicht an diesem Grundgedanken. Es liegt an der unverstän-
digen Umdeutung, an der fahrlässigen Umsetzung, beginnend
mit dem Unding unserer Sozialwahlen und nicht endend mit

der esoterischen Organisation ihrer Gestaltung: ›Gemeinsamer Bundesausschuss‹? Schon der Name ist ein Triumph des büro-kratischen Despotismus über demokratische Partizipation!

Es gibt keinen Einwand aus Gründen der Stimmigkeit, der Gerechtigkeit, der ökonomischen oder medizinischen Machbar-keit oder etwa der Wünschbarkeit, den man hier im Ernst ent-gegenhalten könnte.

Im Gegenteil: Ökonomisch ist unsere Sozial- und Gesund-heitskompetenz so stark, dass wir es uns leisten, Unsummen an Solidargeldern legal der Gemeinschaft zu entziehen und in die Kassen privater Spekulanten im In- und Ausland abzuleiten. Unser Management ist so effizient, dass wir dabei außerdem ohne Not auf die Beiträge der Vermögenden 10 Prozent verzich-ten, denn diese Konzession war einst der Preis des Bismarck-schen Zuckerbrotes: ›Solidarität‹ nur für die Mitmenschen, die das Heer der Arbeiter und Soldaten unterhalten. Dieses Relikt der Klassengesellschaft ist längst obsolet.

Die solidarische Sozialversicherung ist von Grunde auf eine zwingende Voraussetzung für die Verwirklichung des hu-manistischen Auftrags unserer Verfassung. Dass die wenigsten Mitbürger sich der einfachen Eleganz dieses Systems bewusst sind, verweist auf die Mängel im Bildungs- und politischen Sys-tem und das Schattendasein des paritätischen Gedankens in der Sozialpolitik, der doch so unendlich viel Segen stiftet. Gelingt es uns, diesen Reformbedarf zu begreifen und den Wildwuchs zu beschneiden, werden wir nicht nur wirtschaftlich stärker, poli-tisch bewusster und gerechter. Wir haben dann auch etwas wirklich Bemerkenswertes vorzuweisen, von dem Impulse für eine gesündere Welt ausgehen können.

Ähnlich liegen die Dinge bei einem bedingungslosen ›soli-darischen Grundeinkommen‹. Das ist nichts weiter als eine selbstverständliche Folge der Existenz des Menschen. Es ist preiswert – ohne den gefräßigen Wust aus Hartz IV, ALG, Sozialrenten, Hilfen zum Lebensunterhalt und so weiter. Indem wir als Demokratie jedem Menschen den Kredit geben, ohne jegliche Qualifikationsprüfung oder Vorleistung, in genau gleicher Wertigkeit das Schicksal aller umfassend mit zu bestimmen, haben wir bereits viel mehr anerkannt als die Pflicht des Gemeinwesens, die menschliche Existenz von Legitimationspflichten, Auflagen und Unterwerfungsritualen freizustellen. Hierzu ist alles gesagt, danke Götz Werner. Diese Debatte bräuchte nur noch ehrliche Moderation und konsequente Praxis.

Dies sind Fälle, die erfahrbar machen, wie alles mit allem zusammenhängt – und mich immer selbst als Mensch in der Integration zur Integrität erleben. Nutznießer der gemeinnützig ausgerichteten ökonomisch-administrativen Ordnung des Gesundheitssystems ist die globale Aussicht auf gesunden Frieden für die Nachkommenden.

9.2.4 Berauschte Kannibalen

Das *zweite* Beispiel: Unsere schuldenbasierte Spekulations- und Blasenwirtschaft schwingt sich auf das fundamentale Missverständnis vom Symbol zum Eigenwert des Geldes, reitet auf dem absurden Postulat einer immer weiter galoppierenden Transzendenz den Begriff jeder Realwirtschaft zu Tode. Vom Warentausch bis zur digitalen Wette auf Träume von Seifenblasen. Indem wir erlauben, dass unsere Wirtschaft sich an dieser Nichtigkeit entlang rankt und damit der kalten Macht implodierender Egoismen unterwirft, entziehen wir der Wirtschaft den sozialen Kontakt, liefern uns den Maschinen der Wertabschöpfung und Vergeudung aus.

In den exponentiell wuchernden Algorithmen des neuen Transkolonialismus werden Raub, Lüge und Wertvernichtung endemisch. Diese Globalisierung verstärkt die zentrifugalen

Dynamiken. Hunger und unersättliche Gier des Midas, zersplittern und zerfasern die Gesellschaft, vor allem den Zusammenhalt zwischen den Menschen aus einfacher Menschlichkeit.

Leider liegt diese Ursünde noch etwas tiefer unter der Schwelle der Wahrnehmung und des Verstehens als der Solidaritätsparasitismus. Sie ist allgegenwärtig, komplex und kompliziert. Wir haben sie so gemacht und machen lassen, als ob wir einer schleichenden Vergiftung oder einem wuchernden Krebsgeschwür beim Zerstörungswerk einfach folgen wollten.

Wir sind alle mitverantwortlich. Es sind aber die ›Eliten‹, die Krisengewinnler, die Wohlbestallten, die Steuerleute, Gebildeten und Bauernschlauen, die diese Mechanik betreiben. Ganz ohne Masterplan.

Denn wie im Guten liegt auch im Bösen selbst Methode. Sie profitieren von dem nahezu blinden Vertrauen der Gesellschaft in den Willen dieser anarchischen Gruppen, die eigene Bringschuld der sozialen Verpflichtung des Eigentums zu begleichen: durch Selbstkritik an den Voraussetzungen, durch Verzicht auf diskreten Machtmissbrauch, durch Transparenz und Bescheidenheit. Unsere Bringschuld hat sich offenbar, bis auf sehr wenige Ausnahmen, in Gier aufgelöst. Diese Ausnahmen sind keine Helden. Wer Selbstverständliches tut, wird bestenfalls Vorbild.

Diese parasitäre Schwindsucht schwächt nicht nur direkt das Kapital einer gerechten Gesellschaft. Sie wirkt viel tiefer: Zum einen verlangt sie den Unterhalt einer Infrastruktur, die diese Abwege organisiert, indem sie symbolisch, sprachlich und administrativ die Natur und Auswirkungen durch Vertuschung und Lüge kaschiert.

Die Täter verschwinden aus dem Gesichtsfeld, die Opfer geraten in Positionen der Entwürdigung, als Bittsteller. Ihre Mitverantwortung – so ohnmächtig sie auch sein mag – fällt ihnen umso schwerer auf die Füße. So entsteht überdies der Eindruck von einer weit weniger leistungsfähigen Volkswirtschaft; von einer Transformation der Realwirtschaft durch opportunistische, an Effekten orientierte und durch Ingenieurspragmatik bestärkte, kontroll- und planbesoffene Managerwirtschaft, deren Präsenz Im Bild eines Hartmut Mehdorn allgegenwärtig geworden ist. Weit tiefer, subtiler und mächtiger als die Finanzwirtschaft ist die Managerwirtschaft, ihre ebenfalls von der realen Wertorientierung abgekoppelte Schwester im Ungeist. Man sehnt sich nach dem Leitbild des mittelständischen Unternehmers.

Zum anderen untergräbt die Komplizenschaft der Eliten das Vertrauen und entstellt unser Wertesystem, indem sie falsch Zeugnis ablegen vom Zusammenhang zwischen Anspruch und Wirklichkeit. Schließlich ordnet sie faktisch die Aufgabe, Gesundheit und Recht zu pflegen, den Werten einer Räuberbande unter.

Der Skandal ist weniger der Erfolg dieser machtvollen Unterströmung des Kapitalismus, als die bereitwillig anmutende Selbstverständlichkeit, mit der wir ihr erliegen. Dazu bedurfte es nur der schwachbrüstigen Rhetorik des Neoliberalismus, die auf den Krücken Angst und Egoismus über das Schlachtfeld des vermeintlichen ›Endes der Geschichte‹ stakste.

Das betrifft die *dritte* dieser Ursünden: Sie besteht im Verzicht auf die angemessene Ausdehnung der Solidarverpflichtung innerhalb der Gesellschaft. Ganze Bevölkerungsgruppen sind per Satzung von Anfang an heraus definiert worden, aus Gründen des 19. Jahrhunderts. Das schadet in alle Richtungen. Es ist nicht nur schädlich, weil damit weniger Kapital in das System gelangt, das direkt oder indirekt allen zu Gute käme. Wenn die Privilegierten unterproportional ihrer Verbindlichkeit entsprechen, verarmen sie selbst, sozial und kulturell, und verlieren ihre Zukunft im Gestus des infantilen Klammerns.

9.2.5 Billigbäcker

Die *vierte* (und sicher nicht die letzte) Ursünde besteht in der schlampigen Ausgestaltung Europas als sozialer Raum. Hier rächt es sich besonders, dass Solidarität nicht vor allem als ökonomische Tugend verstanden wird, sondern zu einem moralischen Gemeinplatz verkommt, unter dem jeder versteht, was er will. Brüssel hätte zu einem städtebaulichen Modell, einem Gravitationszentrum für solidarische Kultur Europas werden müssen, um die Integration und Integrität der Union aktiv zu fördern. Stattdessen ist es ein Satellit, abhängig, parasitär, nicht von dieser Welt. Diese Monstrosität ist zwar in der Vergangenheit groß und schwerfällig genug gewesen, ein relativ starkes Gewicht zu entwickeln. Mit der von Angst getriebenen Aufblähung nach Osten schlagen aber die politischen Webfehler durch. Das ließe sich heilen, durch Glaubwürdigkeit, eine ökonomisch vernünftige Arbeitsorganisation und echte, großzügige Teilhabe. Aber wohl nicht in den Sackgassen, die wir uns gegenüber Russland und China eingerichtet haben. Denn diese Heilung setzt voraus, dass Europa sich angemessen in der heutigen Welt positioniert.

Sie setzt aber auch ein Ende der Klientelkultur, eine Erweiterung der Vision jenseits Europas als Maschine von Interessenausgleich voraus. Eine wirklich säkulare Geschichte von Europa in der Welt des 21. Jahrhunderts braucht frische Horizonte, keinen stahlgläsernen Markt für Kuhhandel. Nicht die weitere Verwahrlosung unserer politisch-moralischen Kultur durch Kleingeisterei, stattdessen Kohäsionsarbeit und Ehrlichkeit gegenüber dem, was die Vorläufigkeit und die Grenzen des Erreichten bedeuten, nämlich: Bescheidenheit und Verantwortung.

Der Teig, aus dem das Brot Europa gebacken werden soll, hat zu viele Bäcker, die zu schnell verschiedenes wollen. Da der Prozess langwierig ist, abstrakt und sehr, sehr anstrengende Arbeit verlangt, können wir ihn nicht dem Eigensinn der Verwaltungen und Lobbyisten überlassen. Auch das Wachsen einer legitimen kompetenten demokratischen Selbstorganisation braucht Zeit und Liebe. Von Aktivatoren und Backbeschleunigern bekommen wir Bauchweh.

In der Momentaufnahme streiten Staaten über ›Solidarität‹ bei der Verteilung und Aufnahme von Menschen, die aus verschiedensten Gründen nach und innerhalb Europas migrieren. Nicht einmal die Mühe einer sachgerechten begrifflichen Definition hat man sich gemacht: Da wird alles unter Asylrecht gefasst, wo Solidarität gar nicht gebraucht wird. Anstatt die wenigen Fälle echten Asyls für die entsprechend Betroffenen zu reservieren, bleiben Einwanderungskandidaten ohne Einwanderungsrecht und werden dadurch zu vernachlässigten Populationen. Einschließlich einer unausgegorenen Gemengelage aus möglichen Solidaritätsadressaten, halbseidenen Glücksrittern, Opportunisten oder Kriminellen, bleiben Kriegsflüchtlinge mit Anspruch auf akute Nothilfe, aber noch keine Solidarität; bleiben Nachzügler mit Anspruch auf ordentliche bürgerliche Verfahren oder trittbrettfahrende Terroristen mit Anspruch auf unmittelbare polizeiliche Behandlung; bleiben parasitäre Nutznießer eines Status als europäische Bürger ohne jeglichen Begriff von Reziprozität der Verpflichtungen im solidarischen Raum.

Anstatt mit gebührender Unnachgiebigkeit darauf zu bestehen, dass rechtsgültige Verträge gefälligst eingehalten werden, erlauben wir, dass Europas innere Grenzen aufweichen und Spielzeug politischer Agenden werden. Denn wir selbst können unser eigenes schlechtes Gewissen nicht völlig unterdrücken, an dieser Misere beteiligt zu sein.

Dann plötzlich Solidarität zu fordern, entwertet den Begriff.

Dieses kunterbunte Panoptikum Europa kann man wie eine Zeitreise hinein in die Entstehungsdynamik dieser kleinen Welt ansehen, als traditionellen Schauplatz kultureller Mischung, geistiger und wirtschaftlicher Gelegenheiten, Reibungen, Mischungen, Ein- und Ausgrenzung, Kampf und Wandel; oder als komplexe Gegebenheit, die immer mehr gründliche Analyse, entschlossenes Ordnen und kluges Entwickeln verlangt. Denn auf die Besitzstände, um die es hier geht, besteht allenfalls ein sehr schwacher, relativer Anspruch.

Alles das macht uns zu dem, was wir sind. Wir wissen, dass wir uns rechtfertigen müssen, aber gerade dadurch zugleich das Recht in Anspruch nehmen dürfen, das uns provisorisch privilegiert. Springen wir in das kalte Wasser: Es ist gar nicht so schlimm und schwimmen kann man lernen. Wenn es eine Konstante europäischer politischer Kultur gibt, dann die Kreativität im Umgang mit Vielfalt. Diese beruht auf einem starken Potential für Integrität, der Balance aktiv zu steuern und wachsam zu gewähren.

9.3 Wert-Geschöpf

Solidarität beruht also auf Arbeit. Darin binden wir den geistigen Wert des Menschseins, unseres Lebens, an unsere materielle Existenz. Verstehen wir Arbeit als einen Ausdruck des Lebens, dann sind damit gewisse Anforderungen verbunden.

Arbeit ist der natürliche Sinn- und Taktgeber der sozialen Ordnung. Das gilt natürlich nicht nur, oder überhaupt, für unsere konventionelle Verfassung der Lohnarbeit; die ist eher etwas für Tote. Denn sie bewertet unseren Einsatz äußerlich in Mengen und Messgrößen. Der Lohnarbeiter ist nur als Mittel konzipiert, nie als Selbstzweck. Das kann man hinnehmen, wenn es nicht auf Kosten der eigentlichen Wertschöpfung geht. Die Kluft zwischen der Verdinglichung des Menschen durch die Organisation und Bewertung seiner Arbeit und den Folgen unserer Selbstzweckforderung wächst aber immer weiter. Ironischerweise trotz zunehmender Anteile wirklicher Maschinen an der Produktivität.

Frei und solidarisch wird eine Gesellschaft nicht, deren Mitglieder sich einer umfassenden quantitativen Metrik unterwerfen, sei es Zeittakten oder Produktivitätsanteilen. An dieser Einschätzung ist nichts geheimnisvoll oder spektakulär; alles steht schon geschrieben. Können wir lesen?

Die Faktorierung des Wertes von Arbeit nach Zeit oder Produktivität ist ein verbrauchtes Provisorium der Metrik. Nur aus Würde in der Einzigartigkeit kommt Wert in die Welt; der Preis ist verhandelbar, Zufall und Willkür ausgesetzt. Der offenkundige Widersinn, dass wir Arbeit allein nach Kennzahlen bewerten und es andererseits nicht schaffen, sozial wertvolle Leistung zu honorieren, weist auf den Ausweg: Die theoretische Grundlage ist verkehrt.

Die materialistischen Theorien des Arbeitswertes ignorieren den Unterschied zwischen Menschen und Faktoren, zwischen Subjekten und Produktivkräften, zwischen Zwecken und Mitteln. Wir haben uns an diesen Standard gewöhnt und ihn in die Welt hinaus getragen. Wir können aber nicht länger zulassen, dass unser Arrangement mit der Unbequemlichkeit dies zu ändern, ein System am Leben erhält, das in der nicht-kolonialistischen Globalisierung des 21. Jahrhunderts weder lebens- noch entwicklungsfähig ist. Die produktive Wertlosigkeit des Seins in der Zeit kann durch ein Grundeinkommen, als Basis der Aufwertung unserer Existenz kompensiert werden. In einer Welt, die unter gegenteiligen Vorzeichen gebaut worden ist, bringt das manche Schwierigkeiten mit sich. Aber mit der Einstellung, dass gutes Leben eben immer Arbeit ist, geht das schon.

Es ist nur nicht so leicht, wenn die großen Geschichten sie mit Knechtschaft, Fron oder Selbstaufgabe gleichsetzen.

Arbeit in ihrer ökonomischen Bedeutung und als gesellschaftliche Verpflichtung ist in eine unübersehbare Asymmetrie geraten. Der produktive Leib hat sich durch Geräte, Prozesse, ›intelligente‹ Verfahren ausgedehnt, augmentiert, immer gründlicher der Maschinennatur anverwandelt. Der Mensch ist dabei nicht proportional entsprechend als Wertschöpfungs- und Kostenfaktor gewürdigt worden. Selbstverständlich muss die Leistung der maschinellen, mechanisierten, digitalisierten Prozessanteile der Arbeit volkswirtschaftlich abgebildet werden.

Man kann dies sogar durchaus, zunächst provisorisch, in Anlehnung an die entsprechenden menschlichen Modelle entwickeln. Besonders da diese Modelle ihrerseits einer maschinellen Logik entsprechen. Das genügt aber nicht. Wir brauchen ein Modell genuin menschlicher Arbeit. Das kann in einer Wiederaufnahme der Theorien von Fromm, Locke und Mo Di bestehen. Denn ohne einen naturrechtlichen Rahmen gibt es keinen menschlichen Wert, nur beliebige Werte. Auf dieser Grundlage ergibt sich ein Gefüge aus arbeitsteilig organisierten Beiträgen zur Wertschöpfung, das vom Menschen hergedacht werden kann.

Auf diesem Wege verringert sich der ins bis Illusorische überschätzte Mehrwert aus Rationalisierungseffekten durch den Umbau der Produktion primär menschlicher zu primär technischen Arbeitswelten. Zum anderen vergrößert sich dadurch das Gerechtigkeitspotential und die Legitimität des Systems. Die Schere zwischen betriebswirtschaftlichem Gewinn und realwirtschaftlichem Nutzen schließt sich leichter, indem die Handlungsfolgen des Produzierens nach ihrem gestiegenen Grad an Wirkmacht, Differenziertheit und Reichweite, angemessen verstanden und nachhaltig aufgefasst werden.

Die Kontrolle der Abläufe und Zielvorgaben durch den Menschen erfüllt dabei eine Scharnierfunktion, die sicherstellt, dass sich das System nicht selbständig macht, sondern unserem Gemeinsamen dient. Die Produktion ist nur vordergründig und scheinbar abgekoppelt, denn wir sind ja für sämtliche Folgen der Kausalkette aus ihren Prozessen voll zurechenbar und verantwortlich. Der Roboter, mit dem Komponenten verschweißt oder Genschnipsel verfügt werden, gehört intrinsisch zum Handeln identifizierbarer Subjekte – auch wenn wir ihn ungenau ›autonom‹ nennen.

Ob analoge oder digitale Signalübertragung: Sie dienen dem Arbeitsprozess ebenso wie die Hand des Schreiners oder Buchhalters, die Synapsen des Verkäufers oder Dokumentars und die Zielsicherheit des Brandbekämpfers am Feuerwehrschlauch. Sie müssen deshalb, ihrem Anteil nach, erfasst und in die Gesamtkalkulation des Wertes und Preises unserer Arbeit mit eingebunden werden.

Denn sie unterliegen durch uns der einzigen Autonomie, die zählt: Das ist unsere vernünftige Freiheit. Wenn wir Produktionsorganisation gesellschaftlich erfassen, sind die Maschinen übertragenen Aufgaben immer sozialabgabenpflichtig. Dazu braucht es keine menschlich anmutende Gestalt.

Warum ist das nicht längst konzeptuell geklärt, erklärt und eingepreist? Es hat einfach niemand darauf geachtet. Die Ökonomie entwickelt sich auch in einer Planwirtschaft nicht nach Plan. Sie richtet sich nicht nach prognostischen Szenarien und kluger, weitblickender Steuerung. Diffuse Narrative und sozial-psychologische Symbole der Zukunft der Arbeit, des Fortschritts, der Rationalisierung, haben mit dem Versprechen eines Gewinnes an Zeit operiert, die Umverteilung der Mühsal zugunsten von Qualität und Freiheit versprochen. Sie tun aber nichts dafür, dieses Versprechen einzulösen oder zumindest als realistisch anzusehen. Umso weniger tun sie dafür, Arbeit von dem Klang lästiger Pflicht zu befreien, durch konkrete Modelle guter, gesunder Arbeit als inneres Webmuster meines gelingenden Lebens.

So können wir auch die Bedeutung der Solidargemeinschaft ohne Schwierigkeiten ausweiten – im Geben und Nehmen: Jedem das Seine! Maschinen und Menschen hängen voneinander ab auf eine jeweils spezifisch natur- und rollengemäße besondere Weise. Wir nehmen zwar kein moralisches, wohl aber ein pragmatisch bestimmtes gegenseitiges Nutzenverhältnis ein.

Anstatt dies wie bislang unterschwelligem und konzeptuellem Wildwuchs zu überlassen, besonders durch eschatologische Positivierung der Technik und Entmenschlichung der sozialen Praxis, sollten wir entschlossen daran gehen, dieses Verhältnis neu zu denken und sinnvoll zu gestalten. Zentral hierfür wird es sein, den paritätischen Grundgedanken als Katalysator der Wertschöpfung zu rehabilitieren und organisational auszuweiten, damit es das dienende Verhältnis der Maschinen konsequent berücksichtigt.

In der Perspektive des Integritätsplans besteht ein Mangel an Achtsamkeit, an Respekt gegenüber den scheinbaren Kleinigkeiten in ihren Wechselverhältnissen. Wenn wir meinen, Entwicklungen passieren irgendwie ›automatisch‹, dann unterschätzen wir die Potenz der Potentialität. Das gilt für erwünschte ebenso wie für unerwünschte Folgen. Erst die Wertschätzung der komplex-programmatischen Genetik der kleinsten Arbeitseinheit, meine diskrete Entscheidungssituation, macht den Wert für die Welt stabil, bedeutsam, nachhaltig. Diesen Wert angemessen abzuschätzen ist eine hohe Kunst.

Aber warum gleich aufs große Ganze gehen, wenn doch der Blick in die nächste Nähe offenbart, wie wenig wir auf den Wert des Menschen und wie wenig Menschlichkeit wir in die Werte legen? Wertschöpfung beginnt zwar da, wo der Einzelne tätig wird – umso substantieller, je stärker er dabei aus der eigenen Mitte heraus handelt. Aber: In eine soziale Umgebung tritt sie durch die Arbeit in und an der Familie ein. Welchen Wert wir der Nicht-Lohn- (oder: Gehalt- oder Bezüge-) bezogenen Arbeit nominell, symbolisch und praktisch beilegen, ist viel wichtiger als jede monetäre Debatte.

Der Grund dafür, dass wir dies wieder nicht angemessen beherzigen, scheint einmal mehr ganz einfach zu sein; und hier schließt sich der Kreis: Es ist unserer Aufmerksamkeit entgangen, wir haben nicht darauf geachtet. Genauer gesagt ist uns im Falle der Familienarbeit der Wert entglitten. Er war ja selbstverständlich, steht sogar im §6 des Grundgesetzes. Deshalb haben wir ihn kaum durchdacht, standardisiert und mit robusten Symbolen (wie Geld und Privilegien) unterlegt, die das (dann doch:) Nicht-Selbstverständliche mit Wertbezug versehen.

Unsere geistig-soziale Orientierung hält mit der Modernisierung nicht Schritt. Auch hier schreien die Entwicklungen nach einem Innehalten, nach Rückbesinnung und gründlichem

Erneuern unserer Wertegeschichten. Nicht nach Restauration oder Nostalgie, sondern danach zu fragen, wer wir sind und was wir damit machen; wie wir in das allzu weite Webstück hineinwachsen können, das wir uns angemaßt haben, als wir Mensch sein wollten.

9.4 Tilgungsplan

Solidarität ist im Integritätsplan ein Mittel zur Verteilungsgerechtigkeit, denn »Jedem das Seine« fordert den gerechten Anteil im Geben und Nehmen. Darin gründet ein nachhaltig stabiles System, wenn es auf die Menschheit ausgeht. Es ist dann auch in der Lage, den Unterschieden und Ungerechtigkeiten weltweit besser zu begegnen. Die darin mitgedachte Reziprozität beinhaltet einen Test der Ehrlichkeit und des realen Entwicklungsstandes unserer demokratischen Kultur, sagt uns, dass wir auf der rechten Spur sind. Denn unsere strukturellen Privilegien sind zufällig und im Prinzip ungerecht, obendrein in Wirklichkeit aus kolonialer Gewalt erworbene Früchte verbotener Taten.

Wir können diesen Makel heilend gestalten, indem wir nach außen auf die globale Gerechtigkeit achten und dabei – aus unserem konstitutiven Inneren heraus – möglichst konsistente, glaubwürdige und tragfähige Modelle exerzieren. Das Innere geht also immer dem Äußeren voraus, indem es dies mit meint.

Die Diskussion um das mal so genannte bedingungslose Grundeinkommen oder Bürgergeld verrät einiges darüber, wie wir in diesen Fragen in unserem kleinen Horizont stehen. Wir haben, trotz glasklarer Analysen und Erklärungen unserer klugen Köpfe, noch nicht verstanden, dass es um die ökonomische Schnittstelle für eine Form zu leben geht, die unsere ureigenen Ansprüche getreu umsetzt. Wenn unser Gemeinwesen auf einem Bürgerkredit gegründet wäre, ließen sich nicht nur gigantische Verschwendungen durch ungerechte Mechanismen in der Kontrolle und Verwaltung unserer Sozialsysteme drastisch verringern. Damit verbunden wäre innerlich und implizit auch die faktische Grundlage einer integren Lebensordnung.

Der Vertrauensvorschuss eines allgemeinen Bürgerkredits markiert den Übergang in die Anerkennung des volkswirtschaftlichen Wertes jeglicher sozialen und kulturell kreativen Arbeit. Er zeigt, daß wir Demokratie verstehen und es mit ihr ernst meinen. Damit kommen wir auch in der seriösen Debatte um die Wertschätzung und symbolische Ausformung der Arbeit jenseits monetärer Abstraktion voran. Dieser Kredit ist Ausdruck der Reifung zu einer Demokratie, die ihrer idealistischen Anmaßungen durch wirkliche Arbeit glaubwürdig für die Welt gerecht werden will. Unser Vertrauensvorschuss ist mit der Erwartung verbunden, dass jeder sich gern darum bemüht, ein ›guter Bürger‹ zu sein, also das Gegenteil von der ›Die-Da-Oben-Haltung‹. Was das im Einzelnen heißt, liegt im habituellen Wissen, das wir durch Bildung, Erziehung, Erleben und Erfahren gewinnen. Es ist dicht, robust und heikel: Es darf nicht durch Enttäuschung in den Zynismus abgedrängt werden.

Erst auf der Grundlage einer solchen Kultivierung ist zu erwarten, dass die derzeit (auch aus der Perspektive der Lohnarbeit) diskriminierten Beiträge zum guten Leben in der Gesellschaft wie in der Familienarbeit und im zivilgesellschaftliches Ehrenamt, neu und im angemessenen Rahmen honoriert werden.

Eine solche Arbeit darf nicht im gesellschaftlichen Schatten der Privatsache bleiben, nur weil sie den am nächsten liegenden Wert hervorbringt. Die Bezeichnung Bürgerkredit sagt das aus: Die zutrauliche Hinwendung und Erwartung, jeder Mensch wolle, könne und solle auf seine Weise etwas Gemeinschaftliches leisten. So viel Blauäugigkeit muss sein.

Die Einschränkung der Anerkennung unserer wertschöpfenden Leistungen auf Lohnarbeit oder Handel dagegen stellt im Ansatz die Weichen in die verkehrte Richtung. Denn Handel, selbst in einer Realwirtschaft, und Lohnarbeit verlangen ihrem Wesen nach nicht, dass wir als Ko-Autoren, als Mit-Bürger dabei sind. Sie lassen sich, das erfahren wir seit nunmehr über zwei Jahrhunderten, systemtreu in ihrem Wertgehalt standardisieren. Das disqualifiziert sie als Maß des Menschlichen, erlaubt uns aber, sie uns nützlich und dienstbar anzueignen.

Nachhaltige Wertschöpfung entsteht als Kollateraleffekt des guten Lebens. Deshalb führt jede planwirtschaftliche Politik, die an den Grundlagen von Kreativität, Innovation und Arbeit steuernd mit Vorschriften ansetzt, anstatt Freiräume zu lassen, zu hegen und zu pflegen, nicht zu deren Förderung, sondern erstickt.

Die Solidarität dagegen schafft den Rahmen für ein respektvolles Seinlassen des unbestimmt Anderen. Sie setzt an die Stelle der übergriffigen Steuerung das Vertrauen ins freie Spiel der Menschen, (nicht ›der Märkte‹!), denen erlaubt wird, sich gesund, bildend und gerecht zu entfalten. Was auch immer Wert bedeutet und wie auch immer die Wertordnung sich entsprechend ausformt, sie wird für sich selbst sprechen, um dann im großen Gespräch der Menschheit immer wieder neue Gestalt zu gewinnen.

9.5 Wertstoff

Vertrauen ist die Dividende der Solidarität. Sie gewinnt durch die Arbeit der Einzelnen und die Ausgestaltung des Systems mit der Zeit eine Wertschöpfung, deren Qualität sowohl nachhaltig als auch menschlich ist. Mit einer Gesellschaft, die in großen Teilen organisational darauf aus ist, den Menschen aus der Wertschöpfung auszuschließen, ist etwas grundsätzlich nicht in Ordnung.

Es ist nichts Falsches daran, Arbeit, die Menschen nicht entspricht, durch Maschinen oder Abläufe zu ersetzen. Das muss aber unbedingt aus den richtigen Gründen und durch die richtigen Mittel erfolgen. Eine Wirtschaftsordnung, die den Menschen als Kostenfaktor erfassen und folgerichtig reduzieren will, etabliert eine ökonomisch grundfalsche Wertlogik und errichtet ein korruptes, desintegriertes Wirtschaftsregime. Sie schädigt die Gesellschaft und sich selbst, indem sie durch falsche Bezeichnungen wie ›Rationalisierung‹ Täuschung begeht. Wir sehen das ja überall.

Der Wert des Geldes wird, ohne eine solidarische und rechtliche Ordnung und ehrliche Narrative, immer weniger solide. Geld muss auf irgendeine, aber bestimmte Weise in einem korrelativen Verhältnis zu seinem realen Gehalt als Wertsymbol stehen. So wie unser soziales Sicherungssystem auf der mittleren Ebene durch parasitäre Abschöpfung ausgehöhlt wird, verwandelt sich auf globaler Ebene das Geld durch derivative, virtuelle und algorithmische Hyperabstraktion in einen bloßen Ausdruck von Verfügungsmacht.

Wir müssen die reale Bindung des Geldwertes verteidigen, um nicht aus seiner symbolischen Verbindlichkeit eine totalitäre Machtideologie werden zu lassen. Das Falsche geschieht aber, wenn wir darauf verzichten, einen realwirtschaftlichen Wertgrund zu verlangen, der in jedem Menschen wurzeln kann.

Das Gute an der zunehmenden Hemmungslosigkeit, mit der wir die Grundlagen jeder Wertschätzung aufs Spiel setzen, ist vielleicht, dass niemand sich mehr die Mühe macht, einen Schleier des Anstands vor unsere Selbstabschaffung zu halten:

Offen wird jetzt die konsequente Abschaffung der Symbole der Wertschöpfung propagiert.

Das Risiko des Geldes liegt nicht in seiner dünnen Materialität, sondern in der Ungerechtigkeit seiner Verteilung und den Fehlern in der konzeptuellen Übersetzung des Wertes in die Sprache seiner Repräsentanz. Ohne die konventionelle Bindungskraft des Geldes verkommt die kapitalistische Marktwirtschaft zu einem volatilen Zirkus global-säkularen Sozialdarwinismus. Besser zu handhaben wäre eine stärker materiale Ladung der Wertsymbole. Aber zunächst geht es leider darum, den Triumph der Gaukler über die Arbeit zu begrenzen.

Zwischenspiel: Arztblick

Dein Leib ist meine Welt
Wie Butter teilt mein Messer
Ich heile. Dich
Wer mich

Mein Leib ist deine Welt
Die Mutter aller Furcht
Umgebe ich. Dich
Wer mich

Ein Leib ist keine Welt
Nimm meine Hand
Komm. Leite mich
Für dich

Kein Leib heilt ohne Welt
Vertrau dein Leid ist süß
Ich schneide. Dich
Der Nächste bitte

10 Gerechtes Ende

Da unsere Geschichte sich jetzt ihrem letzten Knüpfknoten nähert und nach außen wenden will, vergewissern wir uns, worum es geht und weiter gehen soll. Warum es darauf ankommt, das Große aus dem Kleinen zu weben; sich des Kleinen im Großen zu vergewissern, um das große Ganze im Kleinsten mit aufzunehmen.

Wie ist meine winzige Handlung in die Geschichte eingewoben, zu der sie gehört? Ein Kreuz bei einer Wahl zu machen, kann etwas sehr Großes sein. Einmal kurz wegzusehen, kann mich in schwere Schuld stürzen. Ein winziger Entschluss, jetzt einfach so das Richtige zu tun, kann uns alle auf die Spur des guten Lebens bringen, weil ich es mir, in meinem Erleben, zu eigen mache.

Das Universum des Großen und Kleinen ist keine vollständige Welt, sondern ein langer Weg der Kunst Mensch zu sein. Darum kommt es auf dem Weg zuerst auf den kleinsten Schritt an. Denn darin liegt alles.

Nichts ist für den Menschen so schwierig, wie das Richtige zu tun. Warum ist es so schwierig? Weil es nicht unmöglich ist, sondern erreichbar. Nicht später, nicht im Paradies, nicht nach der nächsten Wahl oder dem großen Krieg: Das Richtige ist immer jetzt da. Im Frieden lädt es uns ein. Es zeigt sich selten als etwas Entscheidendes, gleichwohl hängt alles von der Entscheidung ab, die ich um seinetwillen treffe. Verstören wir es nicht dadurch, von ihm einen großen Auftritt zu erwarten. Was das Wahre, Schöne, Gute *jetzt konkret* verlangt!? Achtung, Hinhören, nicht-eingreifend Handeln. Alles kommt darauf an, dass es nicht auf mich ankommt. Das ist mein Raum. Hier kann ich sein, hier richte ich mich ein.

Der Integritätsplan ist ein Strickmuster. Erst wenn ich durch ihn wirke, kann ich, durch das Erwirkte, das Kleid meines Lebens sehen. Was ich bewirken kann, was von mir bleibt, wenn meine einsame, selbstvergessene Arbeit in Welt und Gesellschaft beendet ist?

Ich lasse das Gewirkte zurück.

Dann soll es auch schön sein.

10.1 Recht geschehen

Wir brauchen einen Integritätsplan. Eine integrierte Geschichte der großen und kleinen Momente, in denen wir entscheiden, wer wir sind. Der Plan ist keine Vorhersage, kein Versprechen, nur eine gute Aussicht. Warum ist es dennoch so schwierig voranzukommen? Die Ignoranz ist eben harthörig und uns fehlen klare Erfahrungen und Geschichten des Erfolgs, der Ermutigung, die das Erleben davon, das Richtige aus den richtigen Gründen zu tun, in den Mittelpunkt rücken und uns wertschätzen lassen. Es liegt auch an der Natur der Grenzen ›vernünftiger‹ Überzeugung – ihr steht keine Gewalt zu Gebote. Ihre Wirkmacht gewinnt sie, indem sie es will – wie Münchhausen seine Flucht aus dem Morast. Dieser Macht hilft kein Zaubern, kein Automat, nur meine wirkliche Arbeit.

Der Einzelne ist bedürftig, muss lernen sich die eigene Lebensart zu erwerben, sie systematisch einzubetten in soziale, moralische Achtsamkeit auf sich und alles andere.

Integrität erwächst nicht aus Zwang. Sie braucht aber Antriebe, um in Bewegung zu geraten. Welche Alternative gibt es zu den Brechreflexen der Not? Verstehend einatmen, Funken der Substanz, Geist des Raumes, indem ich widerhalle, mich zum Ausatmen sammeln kann. Ist die Schatzkiste voll, finde ich darin Spielarten des Erlebens, der Erfüllung, einen Hort Leben in Geschichten von Neugierde, Liebe, Zuwendung und gemeinsamem Schaffen. Auch die werdende Ordnung ist schon da, sie will sich zeigen; lasse ich sie gedeihen, hegen und pflegen, sie sagt mir, was es braucht. Wir haben das vernachlässigt, zu viel, zu angstgierig getan, vorgefertigt. Das war nicht recht und so ließen wir die Ungerechtigkeit ein und zu.

Nochmal im Rückblick: Demokratie ohne Stabilität: Weimar – Demokratie ohne Vertrauen: Hitler. Und das war Demokratie zuletzt; ohne humanistisch eingebettete, ohne gerechte Kultur: Strauß, Kohl, Schröder, Brexit, Erdogan, Trump… Im Integritätsplan liegt eine Antwort auf die Trumps unserer Zeit und besonders die Deutschalternativen hier bei uns. Wir verstehen, warum wir genau die Regierungen haben, die wir verdienen – oder eben eigentlich nicht! Sie erinnern uns an unseren Auftrag: Je mehr wir nachlassen, desto gröber die Fratzen.

Der Nutzen der Gerechtigkeit zeigt sich in der Zeit. Der Kredit der großen Versprechen von Demokratie, Würde und Freiheit wurde im 19. Jahrhundert erarbeitet und nach dem Zweiten Weltkrieg gewährt. Die Zeit, sich in der Weltgeschichte zu bewähren, ist vorüber. Das innere Verfallsdatum ist nicht terminiert, aber an die Spanne der Vertrauensbereitschaft gebunden.

Was wollen wir daraus lernen? Demokratie ist dann eine äußerst anspruchsvolle Aufgabe, wenn sie als etwas Inhaltliches, eine Qualität begriffen wird. Sie fordert achtsame Arbeit an den feinen Schnittstellen zwischen dem Einzelnen und der politisch-sozialen Welt und die Bereitschaft zum integren Willen, zu diesem Mehrwert durch das eigene Leben etwas Eigenes beizutragen. Es geht ums Ganze, um das eigene Leben jedes Einzelnen in seiner größten Verknüpfung – aber ohne Heroismus. Das ist der Preis. Die Zeit dafür ist immer jetzt.

Was heißt es dann, für uns, die das Richtige aus den richtigen Gründen tun wollen, für den Umgang mit dem Erbe, das uns nach zwei Weltkriegen in den Schoß gefallen ist: Wie machen wir es uns so zu eigen, dass wir darüber verfügen dürfen?

Es ist ein unaufhörlicher Prozess der Arbeit an der Kultivierung – sämtlicher Glieder und des Kettenhemdes im Verbund. Das hört sich an wie eine Gebetsmühle. Ja, wie bei dieser kommt es darauf an, immer und immer neu echt da zu sein.

Das gelingt, wenn wir darauf achten, dass wir verstehen, was wir tun, tun, was wir sagen und sagen, was wir tun. Per Dekret wird kein Mensch besser; aber der autokratische oder gleichgültige Staat und seine unmündige Gesellschaft werden immer schlechter. Der Urknall der Urzeugung des Menschen ist unbedingt in meinen Willen. Sonst nirgends.

10.2 Nützliche Gerechtigkeit

Die Globalisierung schlägt zurück. Ihr Echo wird lauter, indem wir uns die Ohren zuhalten. Die Integrität knüpft den roten Faden, Verantwortung zu lernen, die Welt zu verstehen und uns darin immer kundiger und wohltuender zu bewegen. Offenen Herzens erkennen wir, was angeht und was nicht. In dieser Matrix der im Lernen verschränkten Welturschen ermitteln wir, was wir schulden. Dem Gerechten sind keine Grenzen gesetzt.

Der Wille zur Gerechtigkeit öffnet die fruchtbarste Potenz des Integritätsplans. Aus diesem Füllhorn setzen wir innovative Anregungen frei, um unsere Demokratie zu erschließen. Mit dem Bürgerkredit, der Sozialabgabenpflicht für Maschinen, der Wiederherstellung der vollen Gemeinnützigkeit des Eigentums, der Neubewertung von Bildung, Gesundheit und Recht sind in den vorigen Kapiteln nur einige Versatzstücke ausgelegt. Sie sollen ausreichen, um sowohl im Inneren als auch nach außen für die große weite Welt zu zeigen, was es bedeutet, gerechter zu werden.

Wir wollen politisch nicht weiter moralblind verfahren. Wenn es darum geht, Fehlsteuerungen zu korrigieren, soll der Integritätsplan institutionell abgebildet sein, durch eine Kompetenz für Selbstreflexion, Revision und Verfassungskultur. Wir brauchen ein Ministerium für demokratische Reform, die ihren Namen verdient. Immer. Ein solches Integritätsministerium ist zwischen Kanzleramt, Präsidialamt und Fachministerien angesiedelt. Es erweitert die Funktionen des Verfassungsgerichts um ein Organ für Naturrecht, bindet seine Abstraktion an die Substanz des Werdenden; die Institutionen um den Diskurs, das Hirn unserer Republik um eine Fakultät der Herzvernunft: unseren Weg zur menschlichen Zukunft.

Das bürgerliche Reformministerium wird Bundestag und Bundesrat gegenüber verantwortlich sein und den Auftrag der Grundwerte nicht nur kommentieren, sondern wahren. Kompetenz, Unabhängigkeit, Integrität und Engagement sind seine Besetzungskriterien. Die Parteien werden in ihre Domäne eingehegt, bei der ›politischen Willensbildung des Volkes‹ mitzuwirken.

Seine Funktion ist die über- und durchgreifende Sicherung und Förderung der Grundwerte. Die gesamte Architektur der Regierungsinstitutionen wäre damit so kohärent verknüpft, dass die Wertschöpfungskompetenzen Gesundheit, Bildung und Soziales an erster Stelle angeordnet, die Verteilungskompetenzen an zweiter und die konsumtiven Interessen und Aufgaben nachgeordnet wären. Bloße Gestaltungspolitik für Interessen- und Klientelobligationen würde zu einer Zuständigkeit für

›Gedöns‹ umgewidmet. Denn im Rahmen einer gerechten, qualitativen Demokratie braucht es dafür kein direktes Regierungshandeln. Parteieninteressen lösen sich im Allgemeinwohl auf.

Solch ein einsinniges System in einem Integritätsplan ist alles andere als totalitär. Zum Beispiel ermöglicht die Solidargemeinschaft, dass eine umfassende Vielfalt aller Anständigen sich frei beteiligt – und setzt ebendies voraus. Es verzeiht sogar minimale Mitnahmeeffekte, da diese weit schwächer ins Gewicht fallen als die Kosten von Ungerechtigkeit. Als lernendes System geht es gerecht damit um.

10.3 Gerechte Kultur

Bei all dieser Arbeit an der Integrität, durch Integration und tiefes Atmen: Wo bleibt das Übersinnliche? Wie wollen wir es mit der Transzendenz halten?

Es ist immer mit am Werk. Mit dabei als Methode des Erkennens und Wirklichmachens, nicht als Wahrheitswissen. Die dunkle Seite des Mondes muss und darf dunkel bleiben, solange wir von ihr wissen, dass sie da ist. Aber lassen wir uns nicht täuschen: Sogar ihre Orthaftigkeit ist missverständlich. Sie ist überall und in allem, was wir denken, weil unser Denken sie so mitbringt. Daran können und müssen wir nichts ändern.

Wir halten diese absurde Spannung unserer Natur aus. Denn in dieser Einsicht bildet sich dann unser Kompass.

10.4 Der Große Weg

Wir tun das Richtige aus den richtigen Gründen,
indem wir die Aufklärung zur Tugend machen,
gegenüber den Menschen Verantwortung üben und
die Spiele des Guten mit ganzem Herzen gestalten.